Pan-Sophia

Published by
H.E.R.M.E.S. Academic Press
Holsteinsgade 13, st. th.
2100 Copenhagen Ø
Denmark

www.publishing.h-e-r-m-e-s.org

ISBN: 9788799205622

Indhold

PREFACE:

It is with great pleasure I hereby present Pan-Sophia, a student journal solely dedicated to the study of theosophy and esotericism.

The articles published in this journal are principally excellent student essays written in relation to courses offered by the *Copenhagen Center for the Study of Theosophy and Esotericism* at the *Institute for Cross-Cultural and Regional Studies* (ToRS) at the *University of Copenhagen*.

Every semester several students write very interesting, highly informative, and decidedly relevant exam essays in connection with the center's courses on various aspects of theosophy and esotericism in relation to science, philosophy, religion, literature and art. To me it always seemed a great pity to simply put good essays on the shelf once they have served their purpose as exam essays. Thus motivated by my enthusiastic students, I thought that if these essays were adapted, as they are in this journal, to article format, they could also be of benefit to readers outside our courses interested in this field as well as to students just beginning their journey into the study of theosophy and esotericism. Building on this idea, our journal is now a reality and welcomes articles from all students working on theosophy and esotericism.

For ongoing support in making this happen, I wish to express my gratitude to *The Blavatsky Trust*, all my students, and my co-editor Ida Skovhus Hansen.

For further information please visit: http://ccrs.ku.dk/research/centres-and-projects/ccste/

Tim Rudbøg, Copenhagen, 16.3.2018

En tidsrejse i mystikforskningens historie

Simon Mathias Bro Berthelsen

Indledning

Den religionsfaglige mystikforskningen har generelt været præget af en inkonsistent og mangetydig brug af mystikbegrebet. Dette skyldes dels, at man ikke har været i stand til at afgrænse, hvad begrebet skal indeholde og dels, at subjektive nonverificerbare oplevelser ikke udgør et let tilgængeligt forskningsområde. I nyere tid har dette resulteret i, at mystikken er blevet nedprioriteret inden for akademiske kredse, hvilket jeg som religionsstuderende har fundet besynderligt. I fagkredse tales der således ofte om mystik som en religiøs kategori, men interessen for at forholde sig til emnet har virket forsvindende lille. Dette har ledt mig til en undren over, hvad det dog er med mystikfænomenet, der fordrer en sådan berøringsangst? I forsøget på at finde ud af dette, blev jeg motiveret til at skrive denne artikel. Som titlen indikerer, skal vi på en tidsrejse i mystikforskningens historie, hvorfor jeg med denne artikel ønsker at danne et overblik over de historiske forandringer af den religionsfaglige tilgang til mystikken. Det er således ikke min intention at nå frem til nogle endegyldige svar, men i stedet ønsker jeg at betone forskningsfeltets historiske udvikling og diskussionsmæssige spændingspunkter. I den forbindelse har jeg særligt været inspireret af den danske filosof og religionshistoriker Torben Hammersholt, som i 2011 præsenterede essayet *Et kritisk religionsvidenskabeligt perspektiv på mystikkens forskningshistorie*. Med denne artikel ønsker jeg at bidrage til det forskningshistoriske fundament, der allerede er blevet lagt med bl.a. Hammersholts artikel. I henhold hertil bør jeg nævne, at litteraturen på området er omfangsrig, hvorfor flere nævneværdige bidrag ikke har fået en plads i nærværende artikel (f.eks. Schleiermacher, Underhill, Zaehner, Stace, Smart). I stedet har jeg selektivt udvalgt de teorier, der i min optik bedst understreger mystikforskningens historiske forandringer og diskussionsmæssige spændingspunkter.

Helt fundamentalt så er artiklen struktureret således, at hvert afsnit præsenterer en teoretiker og den dertilhørende teori. I disse præsentationer vil jeg forholde mig neutralt. Jeg vil fremhæve de, i min optik, væsentligste passager fra hver enkelt teoretiker, hvorefter jeg afslutningsvist vil sammenfatte de forskellige teorier. Først i den afsluttende diskussion vil jeg således forholde mig kritisk til de forskellige teorier, ligesom jeg vil forsøge at vise, hvordan de er forskellige, og hvordan de komplimenterer hinanden. Med dette sagt, er det på tide at lade tidsrejsen begynde. Vi starter i begyndelsen af 1900-tallet, med den amerikanske filosof og psykolog, William James (f. 1842).

William James (1902)

Et af de tidligste forsøg på at definere mystik som en særlig kategori, finder vi i William James' *The Varieties of Religious Experience (1902)*. Hans ideer har været særdeles indflydelsesrige og har i flere henseender dannet et fundament for den senere forskningshistorie, hvor hans tanker ofte lyder genklang som et svagt ekko i den generelle forståelse af mystikfænomenet. Hans religionsforståelse betoner i særdeleshed de individuelle 'religiøse erfaringer'. Kernen af religion skal således ikke findes i det sociale, men i stedet i de individuelle oplevelser[1].

Udgangspunktet til en forståelse af religion findes dermed i psykologien og herved særligt i de mystiske erfaringer, som James anser som yderst signifikante. Dette kommer bl.a. til udtryk i følgende citat: "One may say truly, I think, that personal religious experience has its root and centre in mystical states of consciousness...". Heraf fremgår det også, at James taler om mystiske bevidsthedstilstande, hvor tanken er, at man kan være bevidst på

---

[1]Pals 2015: 200

flere måder, og at den mystiske bevidsthed blot er en særlig form for bevidsthed[2]. Det spørgsmål, som James derefter angriber, er, hvad denne bevidsthedstilstand indebærer. Hvordan kategoriserer vi den? Her foreslår han fire markører, der skal være til stede før vi kan kategorisere en oplevelse som mystisk:

1. Uudsigelig/ubeskrivelig.

Det første punkt han fremhæver er oplevelsens ubeskrivelighed. Personen, der har haft en mystisk oplevelse, vil intuitivt sige, at oplevelsen ikke kan udtrykkes; at den ligger hinsides hvad sproget kan indfange. Den kan således ikke kommunikeres til andre med tilstrækkelig klarhed, og af denne grund mener James, at den mystiske oplevelse snarere ligner en følelse end en tilstand af intellekt. Her forstår jeg, at intellektet er knyttet til logik og rationalitet, hvor følelser er selvberoende og intet har at gøre med den rationelle tænkning. Hans argument lyder, at man er nødt til at have følt en følelse for at kunne forstå den. Har man aldrig selv følt forelskelse, vil man ikke kunne forstå dets implikationer. Således gør det sig også gældende for den mystiske oplevelse; man skal have oplevet den, for at kunne forstå den[3].

2. Noetisk kvalitet

Det andet punkt han fremhæver er oplevelsens noetiske kvalitet. Den mystisk bevidsthedstilstand vil, for personen, der erfarer den, virke oplysende og autoritær. Det er en tilstand af viden og indsigt, som er uafhængig af det diskursive intellekt. Det vil med andre ord sige, at det er en sandhedserfaring. Et klarsyn og en ontologisk erkendelse[4].

3. Midlertidighed

Som det tredje punkt nævner han, at den mystiske tilstand er kortvarig og passerende. Den varer i sjældne tilfælde op til et par timer, men dette lader til at være grænsen for oplevelsens varighed[5].

4. Passivitet

Individet vil opleve, at han/hun ingen kontrol har over be-

---

[2]James 1982: 379
[3]James 1982: 380
[4]James 1982: 380-381
[5]James 1982: 381

vidsthedstilstanden. Man kan forsøge at fremprovokere den, men såfremt dette lykkes, vil individet stadig opleve passivitet i forhold til oplevelsens karakter. Den mystiske oplevelse er altså selvberoende og individet vil ofte føle, at en overlegen magtinstans har taget kontrollen over hans/hendes frie vilje. James påpeger ikke overraskende, at dette kontroltab også forbindes med sekundære- og alternative personlighedsoplevelser, hvad vi vel nok vil kalde personlighedsforstyrrelser. Som eksempler nævner han profetisk tale og mediumistisk trance. Han påpeger dog også, at i udtalte tilfælde af disse eksempler, vil individet sjældent besidde erindringer om de forudgående hændelser, og individet vil heller ikke tillægge dem betydning. Dette står ifølge James i kontrast til den mystiske oplevelse, der altid vil efterlade 'vigtighedens spor'. Han anerkender dog, at det er svært at lave en skarp distinktion imellem disse fænomener[6].

Metodisk set er James gået induktivt til værks og er nået frem til dette firedelte klassifikationssystem på baggrund af et udvalgt empirisk materiale. Her inkluderer han både religiøse og ikke-religiøse eksempler på mystiske oplevelser, hvor de religiøse er at forstå som beskrivelser, der implicerer mytologiske forklaringer, imens de ikke-religiøse udtrykkes i et sekulært sprog.

Opsummering

Hvis vi opsummerer James' tanker, så findes der en særlig form for bevidsthed, som mennesker kan træde ind i. En bevidsthedstilstand, der er den samme på tværs af kulturer og som udgør en måde at være i verden på i et flygtigt øjeblik. En særlig erfaring, som vi må forstå som noget særegent og analysere på sine egne præmisser. Hvad erfaringens ontologiske objekt består af hævdes ikke, men James udtrykker sig generelt i romantiserende vendinger i sine beskrivelser af de mystiske oplevelser, hvilket kan være en pointe i sig selv[7].

---

[6]James 1982: 381-382
[7]Se f.eks. James 1982: 388

Rudolf Otto (1917)

I det foreliggende afsnit skal vi stifte bekendtskab med en tænker, der, i modsætning til James, mener at vide, hvad der rent faktisk erfares i den mystisk tilstand. Vi er således sprunget femten år frem i tiden, og vil nu forholde os til den tyske teolog og religionshistoriker, Rudolf Otto (f. 1869). Ligesom James, har Otto efterladt sig et markant aftryk på konceptualiseringen af mystik. Hans idéer findes nedfældet i hovedværket, *Das Heilige* (1917), der ligeledes er tilgængelig på engelsk, i John W. Harveys oversættelse *The Idea of the Holy* (1926).

Som al anden indflydelsesrig forskning er Ottos tanker og teorier blevet komplimenteret, kritiseret og vendt og drejet i en sådan grad, at enhver religionsforsker har hørt om termerne: *Det numinøse, mysterium tremendum et fascinans* og *das ganz andere.* I det følgende skal vi se nærmere på, hvad der præcist ligger i Ottos terminologi samt forsøge at danne et overblik over hans generelle tankeunivers, som er teologisk og religionsfilosofisk orienteret i modsætning til den psykologiske, vi stødte på hos William James. Denne tilgang betyder først og fremmest, at hvis vi vil forstå Ottos mystikbegreb, må vi først forstå hans tanker om verdens ontologiske beskaffenhed og menneskets epistemologiske begrænsninger.

Det rationelle og det ikke-rationelle

Et helt væsentligt element i Ottos tænkning er hans distinktion imellem det rationelle og det ikke-rationelle[8]. Når Otto taler om det rationelle, så taler han om den empirisk tilgængelige virkelighed og om måden, hvorpå vi sprogligt konceptualiserer denne virkelighed. Det ikke-rationelle er i modsætning hertil den del af virkeligheden, der ikke hidrører den logiske tænkning, men netop er noget *ganz andere.* Med disse distinktioner fremhæver Otto to

---

[8]Jeg benytter termen, ikke-rationel, i stedet for, irrationel. Dette gør jeg, da ordet irrationel implicerer en form for negativitet, der favoriserer rationalitet og logisk tænkning. Dette er i modstrid med Ottos tænkning, der snarere søger at adskille det rationelle og det ikke-rationelle i to sfærer, der ikke hidrører hinanden. En art fideisme.

separate virkelighedssfærer, som tilsammen udgør den ontologiske virkelighed. Lad mig klarificere hvordan dette nærmere skal forstås.

Vi lægger ud med Ottos forståelse af religionernes eksistens og de dertilhørende begreber. Noget af det første, som Otto tager fat i, er de teistiske gudsbegreber. Ifølge Otto er disse karakteriseret ved, at guden tillægges attributter, egenskaber og karaktertræk. Disse attributter reflekterer menneskelige egenskaber og stammer fra menneskelig tænkning og er derfor knyttet til det rationelle. Når mennesker besidder karaktertræk og tillægges attributter, så forstår vi dem som kvaliteter med restriktioner, kvaliteter der kan gradbøjes. Når vi derimod tillægger en guddom attributter, så bliver disse attributter absolutte, yderste instanser. Hvad der sker er, at guden bliver en refleksion af menneskelige karaktertræk, hvor karaktertrækkene bliver potenseret til absolut størrelse[9]. Den idé, der præsenteres, er med andre ord, at guddommen(e)s attributter/karaktertræk stammer fra menneskelig konceptualisering, hvorfor gudsbegrebet er et produkt af menneskets rationelle tænkning, og religionen, der abonnerer på denne gudsopfattelse, dermed er en rationel religion. I forlængelse heraf fremhæver han, at kun i og med religionens rationelle natur, bliver troen mulig. Herved forstår jeg, at postulater om guds natur er nødvendige for at kunne muliggøre troen på disse udsagn. Han fortsætter videre og vurderer, at jo større et begrebsapparat en religion besidder til at konceptualisere ideen om det transcendente, jo mere værdifuld er religionen[10]. En religion skal således forsøge at begrebsliggøre idéen om det transcendente, men vi må ikke tro, at vi rent faktisk kan indfange det transcendentes ontologiske virkelighed igennem disse rationelle attributter. De er dog helt naturlige forsøg på at beskrive den ikke-rationelle eller suprarationelle virkelighed, som i en eller anden grad er indenfor vores erfaringskapabilitet, men som sproget ikke rigtigt kan indfange. Her begynder vi således at bevæge os over i det, det virkelig handler om. Dette *ikke-rationelle* som vi kan erfare, er nemlig hvad Otto kalder, det *numinøse*. Den ontologiske forståelse, der er blevet præsenteret i det ovenstående,

---

[9] Otto 1926: 1
[10] Ibid.: 1

danner i høj grad fundamentet for Ottos argumentation. I den nedenstående model har jeg forsøgt at illustrere Ottos tænkning.

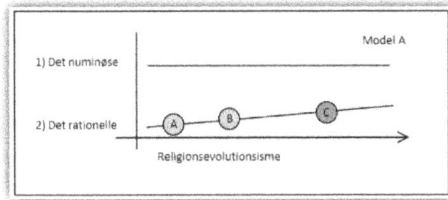

Figur 1: Model A: Linjerne, der bevæger sig horisontalt, udgør den religionsevolutionistiske proces, imens cirklerne udgør religiøse entiteter. Jo kortere afstanden er imellem 1) og 2) Jo nærmere er den religiøse entitet på en egentlig beskrivelse af det numinøse. Otto fremhæver f.eks. kristendom som en religionsform med et stort begrebsapparat til konceptualiseringen af Gud, hvorfor den kan indtage Cirkel C (Otto 1926: 1). Hypotetisk set kunne hinduisme indtage cirkel B imens buddhisme kunne indtage cirkel A

Elementer i det numinøse

Det er blevet nævnt, at mennesket har mulighed for at erfare det numinøse. Det aspekt af den ontologiske virkelighed, der intet har at gøre med rationalitet, men som netop er *ikke-rationel*. Otto præsenterer dette nye begreb, det numinøse, af den årsag, at han ikke mener at 'det hellige' er tilstrækkeligt, da det bærer moralske konnotationer. Med begrebet, det numinøse, skaber Otto således en term, som udelukkende beskriver den ikke-rationelle virkelighed, der er hinsides empiri og moral. En virkelighed, der, i Ottos terminologi, ikke kan erfares i vores normale sindstilstand, men som kun lader sig indfange i den numinøse sindstilstand[11].

Ottos beskrivelse af det rationelle og det ikke-rationelle implicerer lidt af et paradoks. For hvordan kan man lave et begreb for

---

[11]Otto 1926: 5-7

det ikke-rationelle, når selve begrebsliggørelsen er tilknyttet det rationelle? Når nu det ikke-rationelle er noget *ganz andere*, som ikke kan indfanges af sproget, så burde han ikke kunne konceptualisere det med rationelle termer. I henhold til dette paradoks medgiver han, at det numinøse ikke kan defineres, men kun diskuteres, og at den eneste vej til en egentlig forståelse af termen er via erfaringen[12]. På trods af at den numinøse erfaring ikke kan beskrives fyldestgørende, så præsenterer han alligevel nogle særegne følelser, der er knyttet til den. Her præsenterer han termen *creature-feeling*, der således ikke er et begreb for erfaringen, men i stedet et forsøg på at indfange den følelse af underlegenhed, som det erfarende individ vil føle i relation til det ydre objekt, der erfares. Dette kommer til udtryk i følgende citat:

> "It is easily seen that, once again, this phrase, whatever it is, is not a conceptual explanation of the matter. All that this new term, 'creature-feeling', can express, is the note of self-abasement into nothingness before an overpowering absolute might of some kind; whereas everything turns upon the character of this overpowering might, a character which cannot be expressed verbally, and can only be suggested indirectly through the tone and content of a man's feeling-response to it. And this response must be directly experienced in oneself to be understood"[13].

Udover den overvældende følelse af underlegenhed i relation til det numinøse, så fremhæver Otto også termen *mysterium tremendum et fascinans*. Begrebet, *mysterium*, udgør i Ottos terminologi det esoteriske, som er uden for konceptualisering og forståelse. Det objekt, hvis kvalitet ikke kan beskrives. *Tremendum* udgør en følelse af frygt og gru over erkendelsen af mysteriet imens *fascinans* udtrykker den tiltrækkende følelse af fascination over fænomenets storhed[14].

---

[12]Ibid.: 7-8
[13]Otto 1926: 10
[14]Otto 1926: 12-13

Mystik

Når Otto fremhæver *creature feeling* og *mysterium tremendum et fascinans* som følelser, der opstår ved erfaringen af det numinøse, så vil mange nok klassificere disse som en art mystik. Otto selv lader dog til at reservere sit eksplicitte mystikbegreb til hændelser, der er meget lig William James' beskrivelser. Her fremhæver han ligesom James oplevelsens noetiske karakter, idet han udtrykker, at den mystiske erfaring skal forstås som en annullering af selvet og en identifikation med det absolutte objekt[15]. Han tilføjer desuden, at: "(...) essentially mysticism is the stressing to a very high degree, indeed the overstressing, of the non-rational or supra-rational elements in religion; and it is only intelligible when so understoodIbid.: 22." Det væsentlige i Ottos terminologi er, at den mystiske oplevelse er en erfaring af det numinøse. Ikke blot en oplevelse, men en egentlig erfaring. Angående denne erfaring nævner han, at der er tale om *'creature consciousness'*, da der ikke fokuseres på en erkendelse af selvet, men en erkendelse af det erfarede objekts storhed[16].

Opsummering

Når Otto taler om det rationelle, så taler han altså om den måde, som mennesker taler om den empiriske verden på. Den måde vi begrebsliggør verden på og de ting, vi kan tænke os frem til. Religionernes sprog og begreber er et produkt af denne tænkemåde, men årsagen til, at vi forsøger at konceptualisere Gud er, at der også findes en ikke-rationel dimension, som vi har mulighed for at erfare. Problemet ved erfaringen af det ikke-rationelle, det numinøse, er, at det ikke kan begrebsliggøres, da det netop hidrører en anden virkelighed. Derfor kan vi ikke bruge det rationelle sprog til at udtrykke det numinøse. Den eneste vej til en forståelse af det numinøse er via erfaringen. Alternativt forsøger Otto at appellere til de følelser, som erfaringen af det numinøse bibringer. Her introducerer han *creature feeling* og *Mysterium tremendum et fascinans*, men også en mere kontemplativ og noetisk forståelse

---

[15]Otto 1926: 21-22
[16]Ibid.: 22

11

af mystik, som en sammensmeltning med det mystiske objekt. Uanset hvilken af disse termer der er tale om, er det væsentligt for nærværende artikel, at det numinøse er *sui generis*, og at erfaringen af det numinøse ikke er en medieret og fortolket oplevelse, men en decideret ontologisk erfaring. Implikationerne af denne tilgang vil vi vende os mod i den afsluttende diskussion, men inden da tager vi et stort spring i tiden, frem til Steven Katz og den konstruktivistiske tilgang til mystikken.

Steven Katz (1978, 1983)

Meget er sket i årene mellem Otto og Katz. Det væsentlige for nærværende artikel er imidlertid fremkomsten af den konstruktivistiske og diskursive tænkning, som har implementeret sig i human- og samfundsvidenskaberne. I det følgende vil vi se hvordan den jødiske teolog og filosof, Steven Katz (f. 1944), applicerer denne tænkning på mystikken. Ligesom James og Otto, har Katz ydet et betragteligt bidrag til den religionshistoriske mystikforskning. Han har forfattet adskillige artikler omhandlende emnet og redigeret intet mindre end fire antologier. Mest kendt er han for sin artikel fra 1978, *Language, epistemology and mysticism*, hvori han stiller sig i opposition til den essentialistiske mystikforståelse ved i stedet at anlægge en konstruktivistisk indfaldsvinkel. Den overordnede idé hos Katz er, at ingen oplevelser har en 'common core', men at de altid er kulturspecifikke, og således placerer han sig i den modsatte grøft af William James og Rudolf Otto og antager en anden epistemologisk tilgangsvinkel til mystikken.

Artiklens titel, *Language Epistemology and Mysticism*, antyder meget klart det problem som Katz tager udgangspunkt i. Nemlig de epistemologiske problemstillinger, der kommer til udtryk igennem den sproglige formulering af mystiske oplevelser. Det er således et spørgsmål om erfaring og formidling. Vedrørende denne problemstilling lægger Katz ud med en skematisk systematisering af den tidligere mystikforskning. Her argumenterer han for, at de tidligere forskningsmæssige bidrag kan placeres i hver sin kategori i et tredelt skema, hvor hver kategori udtrykker hver

sin grad af sofistikeret argumentation[17]. *Den første* af disse fortolk-
ningstilgange er den mindst sofistikerede. Det er udsagnet om, at
alle mystiske erfaringer er de samme, og at beskrivelserne af disse
erfaringer bærer en lighed, der transcenderer kulturel og religiøs
diversitet (f.eks. James og Otto). *Den anden* form er ifølge Katz
mere sofistikeret. Det er argumentet, at alle mystiske erfaringer er
de samme, men at den sproglige beskrivelse af erfaringen altid vil
være bundet af det kulturelle begrebsunivers. *Den tredje* og mest
sofistikerede tilgang er argumentet, at alle mystiske erfaringer kan
deles op i forskellige typer, og at sproget, der beskriver erfaringen,
ligeledes er bundet af det kulturelle begrebsunivers.

En epistemologisk antagelse

Ud fra denne skematiske opdeling fremgår det, at forskningen,
ifølge Katz, løbende har bevæget sig i en mere sofistikeret retning
ved gradvist at have anlagt en mere kompleks argumentation[18].
På trods af disse fremskridt er forskningen dog ikke kommet i
mål og Katz foreslår derfor en ny tilgang til forståelsen af mystik.
En tilgang, der finder sin form igennem en konstruktivistisk epi-
stemologisk antagelse. Katz skriver:

"(...), let me state the single epistemological assumption that
has exercised my thinking and which has forced me to undertake
the present investigation: *There are NO pure (i.e. unmediated) expe-
riences*. Neither mystical experience nor more ordinary forms of
experience give any indication, or any grounds for believing, that
they are unmediated. That is, to say, *all* experience is processed
through, organized by, and makes itself available to us in extre-
mely complex epistemological ways. The notion of unmediated
experience seems, if not self-contradictory, at best empty. This
epistemological fact seems to me to be true, because of the sorts
of beings we are, even with regard to the experiences of those
ultimate objects of concern with which mystics have intercourse,
e.g. God, Being, nirvana, etc."[19].

---

[17] Katz 1978: 23
[18] Katz 1978: 23-25
[19] Katz 19878: 26

Katz' videre tænkning følger i logisk forlængelse af denne epistemologiske antagelse; at der ikke findes umedierede erfaringer, og at dette skyldes den type væsener, vi er. Tanken er således, at vi er kulturvæsener, og at enhver perception af verden fremtræder for os igennem det kulturunivers, vi er underlagt. Vi kan derfor ikke sammenligne erfaringer af Gud med erfaringer af Nirvana, da selve erfaringen vil være afhængig af det kulturelle idéunivers. I Katz' tænkning må vi altså bevæge os væk fra de tidligere fortolkningstilgange, der præsenterer den tanke, at vi erfarer X og derefter fortolker og udtrykker erfaringen igennem en sproglig formidling. Katz foreslår netop, at en mystisk oplevelse ikke er en erfaring af X, men en erfaring af de ting, som vores kulturelle ballast tillader os at erfare[20].

Katz' argumentationsstruktur

Som det fremgår heraf, tager Katz' argumentation form af et *a priori* argument, der beror på den fremførte epistemologiske antagelse. Denne læsning er dog blevet kritiseret af den danske religionshistoriker, Torben Hammersholt, der argumenterer for, at Katz' teori fejlagtigt er blevet forstået som et *a priori* bevis, selvom han medgiver, at argumentationen umiddelbart fremstår sådan, da der først præsenteres den epistemologiske antagelse, at der ikke findes umedierede oplevelser, hvorefter den logiske slutning følger, at mystiske oplevelser ikke kan have en fælles kerne, da de altid er kulturspecifikke[21]. Hammersholt argumenterer dog meget overbevisende imod denne læsning, ved at inddrage Katz' artikel fra 1983. Heri uddyber Katz sine akademiske bevæggrunde, og præsenterer også læseren for en forandret argumentationsstruktur end den umiddelbart tilgængelige i 1978-artiklen. Dette kunne, ifølge Hammersholt, tyde på, at Katz har følt sig fejlfortolket og netop ikke vil fremstå som fortaler for et a-priori bevis[22]. Den epistemologiske antagelse er i 1983-artiklen snarere blevet en slutning end en præmis:

---

[20]Katz 1978: 26
[21]Hammersholt 2011: 208f
[22]Ibid.: 208f

"I began with a question and an epistemological generalization based on the study of the data and reflection thereon. The question I tried to answer was: 'Why are mystical experiences the experiences they are?' And in order to begin to answer this query, I adopted as a working hypothesis the epistemic thesis that there are no pure (i.e. unmediated) experiences"[23].

Ud fra denne passage kan det forstås, at den epistemologiske antagelse snarere er blevet en forklaringsmulighed end en egentlig argumentationspræmis, og som det vil komme til udtryk i den senere diskussion, så er der forskel på, om man *a priori* argumenterer på baggrund af en epistemologisk antagelse, eller om man tager udgangspunkt i kildematerialet; observerer væsentlige tværkulturelle forskelligheder, og på den baggrund anlægger en epistemisk arbejdshypotese.

Den tidligere og den senere Katz

Selvom Katz i 1983-artiklen omformulerer og uddyber sine bevæggrunde, er det for mig svært at se, hvordan artiklen fra 1978 ikke er udtryk for et *a priori bevis*. I det følgende vil jeg derfor tale om den tidligere og den senere Katz[24], hvor den tidligere Katz, intentionelt eller ej, præsenterer et *a priori* bevis og hvor den senere Katz, afgjort intentionelt, har ændret sin epistemologiske antagelse til at være en arbejdshypotese anlagt på baggrund af kildemæssige observationer. Dette vil jeg gøre, da mit mål i denne artikel netop er, at opridse mystikforskningens hoveddiskussioner. Og begge disse tilgange er, uanset Katz' egentlige standpunkt, af betydning for en sådan diskussion.

Angående den tidligere Katz, skal det dog nævnes, at han hverken udelukker muligheden for en ontologisk transcendent virkelighed eller vores evne til at erfare den. Han udelukker blot, at den mystiske oplevelse vil kunne bevise denne virkelighed, selv hvis den rent faktisk er sand. Dermed indtager Katz en metodologisk agnosticisme som sit videnskabsteoretiske standpunkt[25]. Som

---

[23] Katz 1983: 4

[24] Den tidligere Katz bygger på 1978-artiklen, imens den senere Katz, bygger på 1983-artiklen.

[25] Katz 1978: 22

15

Hammersholt også påpeger, så er der i slutningen af 1978-essayet, ligeledes en væsentlig passage, der fortjener en kommentar for en fuldbyrdet forståelse af Katz' teoretisering. Katz skriver her, i et udpluk fra en længere passage:
"(...) mystics and students of mysticism have to recognize that mystical experience is not (putatively) solely the product of the conditioned act of experience as constituted from the side of the experiencer, but is also constituted and conditioned by what the *object* or 'state of affairs' is that the mystic (believes he) 'encounters' or experiences. To say, 'Smith experiences x' is also to recognize that this experience is in part dependent on what x is. But here is the rub – this recognition also requires the additional awareness of the complexity of the situation in that what 'x is' is itself, at least partly, determined by a contextual consciousness"[26].

Dette skaber muligvis en konflikt med Katz' videnskabsteoretiske standpunkt, der siger, at vi ikke vil kunne bevise, hvis den mystiske oplevelse rent faktisk er udtryk for det, som mystikeren hævder. Altså hvis X er en erfaring af en transcendent virkelighed af en art. Det vil sige, at når Smith erfarer X, så er erfaringen afhængig af, hvad X er. Det er altså ikke udelukkende Smith, der har agens, men også X. Spørgsmålet er så, hvordan X har agens. Det kan, som Hammersholt også udlægger det, forstås sådan, at der rent faktisk er en transcendent virkelighed, der interagerer i situationen og bevirker individets erfaring[27]. Det kan også forstås på den måde, at mennesket skaber sociale konstruktioner, og at vi har konstrueret X på en sådan måde, at idéen om X er blevet objektiviseret og derigennem fremstår som havende egen eksistens, hvilket tillader den at arbejde tilbage på individet i en dialektisk forbindelse. Denne tolkning understøttes, når Katz skriver, at X i det mindste delvist er determineret af den kontekstuelle bevidsthed. Det vil sige, at X, ifølge Katz, er delvist konstrueret, men at der også er en mulighed for, at det kan være mere end en social konstruktion. Således virker det til, at vi er tilbage i en agnostisk sikring, der ikke vil udelukke eksistensen af det transcendente af metodiske og filosofiske årsager.

---

[26]Katz 1978: 64
[27]Hammersholt 2011: 211-212

Ovenstående ændrer imidlertid ikke på, at Katz tidligere i 1978-essayet formulerer et *a priori* bevis, der hævder at alle erfaringer af verden er underlagt den kultur og det sprog, som individet erfarer med, og at den mystiske erfaring derfor ikke er en objektiv erfaring af X, der derefter fortolkes ind i et sprogligt begrebsunivers, men at den i stedet er en subjektiv erfaring, dannet af individets idégrundlag.

Robert Forman (1990)

Den konstruktivistiske tilgang, som vi netop har set hos Steven Katz, kaldte næsten på en kritisk modreaktion, og i 1990 udkom så antologien, *The Problem of Pure Consciousness*, redigeret af religionshistoriker, Robert Forman (f. 1947). Forman står som den vel nok største kritiker af Steven Katz' tænkning, og de to forskeres respektive bidrag har i mange henseender dannet fundamentet for den nyere tids religionsfaglige mystikdebat. En diskussion imellem to yderligtgående standpunkter, med den diskursive konstruktivisme på den ene side og den psykologisk orienterede 'common-core'-tilgang på den anden side[28]. I det følgende vil jeg med udgangspunkt i Formans artikel *Introduction: Mysticism, Constructivism and Forgetting* skildre, hvad jeg kalder den psykologiske 'common-core' tilgang.

Som en grundlæggende nødvendighed for sin teori, lægger Forman ud med at definere, hvad han forstår ved mystik. Her tager han udgangspunkt i en bevidsthedskartografisk model, udformet af Roland Fischer. Denne model fører til en overordnet distinktion imellem ergotropiske og tropotropiske sindstilstande. Hvad Fischer illustrerer er, at ergotropiske sindstilstande er præget af høj kognitiv og fysiologisk aktivitet, imens tropotropiske sindstilstande er præget af lav kognitiv og fysiologisk aktivitet. Der opstilles hermed en dikotomi imellem to typologier, hvor Forman argumenterer for, at mystikbegrebet udelukkende skal forholde sig til tropotropiske sindstilstande. Således ekskluderer han visioner og hallucinatoriske oplevelser fra sin forståelse af mystikbegrebet, da

---

[28]Taves 2009: 55

han hævder, at disse hører til de ergotropiske sindstilstande[29]. I tillæg hertil trækker Forman på Ninian Smarts mystikdefinition, som lyder: "Mysticism describes a set of experiences or more precisely, conscious events, which are not described in terms of sensory experience or mental images [30]." Der tegner sig herved et billede af den mystiske oplevelse som en rolig og indadvendt oplevelse, der ikke kan beskrives igennem mentale billeder eller et sanseorienteret sprog. Således fremstilles den mystiske oplevelse nærmest i overensstemmelse med yogasutras ønske om at stoppe tænkningen for en erfaring af det åndelige princips virkelighed[31]. Forman nævner dog, at der er flere forskellige typer af mystiske begivenheder, men han fremhæver særligt, hvad han kalder *the pure consciousness event* (PCE)[32]. En, ifølge Forman, tværkulturel bevidsthedstilstand, der defineres som: "(...) a wakeful though contentless (nonintentional) consciousness." Han kategoriser den desuden som en introvert oplevelse af selvet uden bevidsthed om den eksterne virkelighed[33].

For at koge det ned til benet, så er Formans overordnede projekt at sige, at den menneskelige hjerne besidder de samme neurologiske forudsætninger for erfaring, og at PCE'er kan forekomme uafhængigt af den sociokulturelle kontekst, som ifølge Katz var determinerende for enhver perception af verden.

Ann Taves (2009)

Den sidste teoretiker som vi skal stifte bekendtskab med i denne artikel, er den amerikanske religionshistoriker, Ann Taves (f. 1952). I år 2009 udgav hun bogen, *Religious Experience Reconcidered*. Bogens undersøgelsesobjekt er "experiences deemed religious", hvormed hun skaber et terminologisk skift ved netop ikke at tale om religiøse erfaringer, men erfaringer, der vurderes at være religiøse. Hendes angrebsvinkel til denne undersøgelse består i at bygge bro imellem humanistisk og naturvidenskabelig forskning,

---

[29]Forman 1990: 5-7
[30]Ibid.: 7
[31]Jacobsen 2003: 177-189
[32]Forman 1990: 8-9
[33]Ibid.: 8

da hun mener, at vi ved denne kobling kan nå frem til værdifulde resultater. Hendes metodiske standpunkt er komparativt, men består, i modsætning til megen anden religionsforskning, ikke udelukkende af komparationer på tværs af religiøse kategorier. I stedet mener hun, at vi ligeledes skal lave sammenligninger på tværs af de ting, som folk forstår som religiøst, og de ting, som folk forstår som ikke-religiøst, da vi herved vil få en klarere forståelse for, hvorfor visse erfaringer puttes i en religiøs ramme[34]. Væsentligt ved Ann Taves' tilgang, er, at hun ikke præsenterer en teori, der søger at give et endeligt svar, men at hun snarere ønsker at skabe en ny forskningstilgang. I det følgende vil jeg koge hendes argumentation ned til de, i min optik, væsentligste punkter for en diskussion af mystikfænomenet.

Specielhed og singularitet

Ann Taves stiller sig i opposition til en *sui generis* religionsforståelse. Religion har ingen kerne i sig selv, men opstår i stedet, når vi tilskriver særlig betydning til ting. Taves mener derfor, at vi skal undersøge de processer, hvorved ting tilskrives religiøs værdi og for at undersøge disse processer, skal vi gå bredere til værks, end hvad tilfældet hidtil har været. Hun foreslår derfor, at vi forlader religionsbegrebet, da det ikke udgør en stabil tværkulturel kategori. I stedet bør vi tage udgangspunkt i ideen om 'specialness'[35]. En tilgang hun er nået frem til på baggrund af en særlig læsning af Emilé Durkheims *The Elementary Forms of the Religious Life* (1912). Her tager hun udgangspunkt i Durkheims forståelse af "sacred things as things set apart and forbidden", og argumenterer for, at vi bør fjerne den besværlige emic term, 'sacred', og i stedet forholde os til "Things set apart and forbidden". Med udgangspunkt i denne term, skaber hun begrebet *specialness*; det at markere visse ting som specielle og dermed adskille dem fra andre ting. I denne forbindelse trækker hun på antropolog, Igor Kopytoffs arbejde, der belyser den måde, hvorpå mennesker tillægger værdi til genstande. Ideen er her, at der er visse ting,

---

[34]Taves 2009: 23ff
[35]Taves 2009: 23ff

som individer, grupper eller samfund, singulariserer. Det vil sige, at der er objekter, som vi nægter at lade indgå i en relationel vurdering, og dermed gør vi implicit tingene uvurderlige. I visse tilfælde, hvis tingene vurderes at være særligt specielle, så beskyttes de endda med forbud og tabuer, som har til formål at beskytte tingens singularitet[36]. Hun skriver, at uanset om man anser specielhed som en indlejret kvalitet i ting, eller som tilskrevet via sociale processer, så lader det til, at behovet for at markere visse ting som specielle, og dermed adskille dem fra det trivielle, er et karaktertræk, der er dybt indlejret i mennesket[37].

Typer af specielhed

Taves spørger herefter, om der er visse ting, som det er mere sandsynligt, at vi markerer som specielle end andre. Her når hun frem til en typologi af to yderligheder. Den første af disse er ideelle ting. Det vil sige, ting der fremtræder som perfekte. Dette kan både være i relativ forstand og i absolut forstand[38]. Den anden type er anomale ting. Det vil sige, ting der markeres som specielle, fordi de bryder med det forventede. Her finder hun, at vi kan afgrænse anomale ting til fire underkategorier: Begivenheder, steder, objekter og oplevelser. Hvad der er interessant for os er selvfølgelig de anomale oplevelser og måden hvorpå Taves mener, at de markeres som specielle. Hun skriver:

"We can take as an example the anomalous experience in which the boundary between self and world seems to dissolve. Most people would probably consider such an experience unusual and thus special to some degree. Some philosophers of religion [...] characterizes such experience as mystical and in so doing mark them as very special"[39].

Hendes forklaring er således, at oplevelser af subjekt/objekts annulleringer bliver opfattet som specielle, fordi de bryder med normaliteten. Når man dertil også sprogligt markerer oplevelsen

---

[36]Ibid.: 27-29
[37]Ibid.: 34
[38]Taves 2009: 36-38
[39]Taves 2009: 40

som mystisk, så træder den ud som noget specielt. Hun giver ligeledes udtryk for, at selvom oplevelsen bliver skabt af individet, så opnår den et udtryk, der er uafhængigt af personen, som en kvalitet, der kan kultiveres i kroppen. Hun skriver desuden, at selvom oplevelsen i sig selv ikke indikerer, at der skulle være tale om transcendent intervention, så kan personen, såfremt at han/hun har ideen om et sådant mytologisk væsen i sit idéunivers, tilskrive oplevelsen til dette væsen, som en kausalforklaring på oplevelsen[40]. Dette er dog ikke den eneste type oplevelse, som vi kan forestille os, og Taves fremhæver i modsætning hertil, oplevelser der netop indikerer agentur. Det vil sige, oplevelser hvor man fornemmer en tilstedeværelse af den ene eller anden art. På baggrund af disse typologiske forskelle, mener hun, at vi bør afgrænse imellem *oplevelser, hvortil der postuleres agentur, og oplevelser, der indikerer agentur*[41]. I diskussionsafsnittet vil vi se, hvad denne distinktion betyder for de tidligere gennemgåede teorier og deres empiriske grundlag.

Bevidsthed – neuropsykologisk set

Efter at have præsenteret ovenstående typologier, bevæger Taves sig over i en mere neurologisk tilgang til menneskets epistemologiske muligheder. Her mener hun, at de religionsfaglige diskussioner generelt har været præget af uklarheder angående erfaringstermen[42]. Hun mener derfor, at religionsvidenskaben ville nyde godt af at rådføre sig hos andre fagdiscipliner og at undersøge disses forståelser af menneskelige erfaringer og bevidsthedstilstande. Her trækker hun først og fremmest på hjerneforsker, Maxwell Bennet og filosof, Peter Hackers *Philosophical Foundations of Neuroscience* (2003). Et værk, hvori der præsenteres en distinktion imellem *transitiv* og *intransitiv* bevidsthed. Den transitive bevidsthed er bevidsthed om noget, et objekt af den ene eller den anden art. Den intransitive bevidsthed er derimod en forudsætning for den

---

[40] Taves 2009: 40-41
[41] Ibid.: 41
[42] Nærmere bestemt, det engelske ord "experience", der har flere forskellige betydninger alt efter kontekst.

transitive bevidsthed. Det er den basale bevidsthed, som kun er fraværende i tilfælde af døden, koma eller en drømmeløs søvn. Det er en indholdsløs bevidsthed, som enten er til stede eller er fraværende[43].

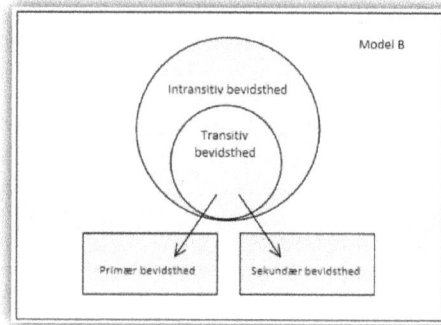

Figur 2: Model B: Den intransitive bevidsthed er forudsætningen for enhver anden form for bevidsthed, imens den transitive bevidsthed kan deles op i primær og sekundær bevidsthed. Den primære bevidsthed er automatisk og intuitiv imens den sekundære udgør bevidstheden om bevidsthed.

Taves argumenterer derfor for, at vi først og fremmest må forstå "experience", som en underkategori af den transitive bevidsthed, der ligeledes kan deles op i to niveauer: Primær bevidsthed og sekundær bevidsthed. Den primære bevidsthed er på spil, når vi drømmer, eller når vi udfører automatiske handlinger, f.eks. hvis man dukker sig for en uventet gren eller går en tur. Det er handlinger, som vi ikke tænker over, at vi foretager os, men som snarere forekommer intuitivt. Den sekundære bevidsthed,også kaldet metabevidsthed, er sandsynligvis udelukkende en menneskelig bevidsthedsform. Det er bevidsthed om bevidsthed. Hvad der er særligt interessant i henhold til nærværende artikel, er de anormale oplevelser, der finder sted på grænsen imellem disse

---

[43]Taves 2009: 58-59

bevidsthedsniveauer, men hvor individet mangler metabevidsthed.
Dette er f.eks. tilfældet i grænselandet mellem at være sovende og
vågen, men også hvis man er under hypnose, i en trancetilstand
eller lider af somnambulisme (søvngængeri). I sådanne tilfælde
af anormale oplevelser, hvor individet mangler metabevidsthed,
vil oplevelsen ofte blive opfattet som ikke-intentionel og nærmest
med autonom eksistens, og netop denne type af usædvanlige
oplevelser danner, ifølge Taves, gunstige forhold for religiøs til-
skrivning[44]. Dette aspekt er særligt interessant, hvis vi genkalder
os James og Ottos ideer, der netop fremhævede den passivitet som
individet ville føle under oplevelsen/erfaringen. Hvad Taves brin-
ger til billedet er således en neurologisk kausalforklaring på dette
karaktertræk, ved netop at henvise til muligheden for individets
manglende metabevidsthed i den givne situation[45].

Diskussion og et forskningshistorisk overblik

Vores tidsrejse er nu slut, hvorfor tiden er kommet til en endelig
sammenfatning af de gennemgåede teorier og en udpensling af de
forskningshistoriske forandringer. I relation hertil vil jeg diskutere
og kritisere de gennemgåede teorier. Nedenstående tabel er tænkt
som en introduktion til dette afsnit og vil forhåbentlig medføre
en opsummerende forståelse af de gennemgåede teorier.

---

[44]Ibid.: 60-61
[45]Ibid.: 60-61

Model C	William James	Rudolf Otto	Steven Katz	Robert Forman	Ann Taves
Faglig tilgang	Psykologisk	Teologisk/ Filosofisk	Filosofisk	Psykologisk	Humanistisk/ Naturvidenskabelig
Hvad er mystik?	Det er særlige bevidsthedstilstande, som kan kategoriseres ud fra 4 markører.	En erfaring af det ikke-rationelle, kendetegnet ved sammensmeltning med objektet og forbløffelse over dets storhed.	Mystik er individuelle oplevelser, der har taget form efter individets idéunivers.	Indholdsløse erfaringer af selvet, med lav kognitiv og fysiologisk aktivitet.	Mystik er en term, der adskiller visse oplevelser fra andre og markerer dem som specielle.
Er der en fælles kerne af mystiske oplevelser?	Ja, disse bevidsthedstilstande er magen til hinanden på tværs af kulturer.	Ja, religion er sui generis og den mystiske oplevelse er en erfaring af det ikke-rationelle.	Nej, alle oplevelser er kulturspecifikke, og der er således ikke tale om en fælles kerne.	Ja, PCE'er er en neurologisk mulighed, som er uafhængig af den sociokulturelle kontekst.	Nej, men der er særlige oplevelser, som det er mere sandsynligt at folk markerer som specielle.
Hvad udgør argumentation, ens empiriske eller teoretiske grundlag?	Beskrivelser der lever op til de fire markører. Udtrykt i både religiøst og ikke-religiøst sprog.	Særligt gammeltestamentlige passager, men også daoistiske og hinduistiske eksempler.	En epistemisk antagelse understøttet af beskrivelser af hovedsageligt visionære oplevelser.	Oplevelser, der minder om PCE'er. Det vil sige, ingen beskrivelser af hallucinationer eller visioner.	Teoretisk grundlag på baggrund af sociolog, Emilé Durkheim og neurolog Maxwell Bennett.

Den første teoretiker, vi blev konfronteret med i denne artikel, var William James med *The Varieties of Religious Experience*. Et massivt og omfangsrigt værk, hvorfor jeg valgte at koge James' konceptualisering ned til det, i min optik, væsentligste for nærværende artikel. Dette mundede ud i James' firedelte klassifikationssystem, hvor de fire markører tilsammen udgjorde definitionen på en mystisk oplevelse. For James var den mystiske oplevelse således udtryk for en særlig bevidsthedstilstand, der både kunne udtrykkes i religiøst og ikke-religiøst sprog. Metodisk set gik James induktivt til værks og havde en temmelig positivistisk tilgang til sit materiale, hvorfor Torben Hammersholt kritiserer ham for ikke at forholde sig til det metodiske problem vedrørende oplevelsens egentlige form og mystikerens efterfølgende fortolkning[46]. James udtrykker sig desuden i lettere romantiserende termer i sin beskrivelse af den mystiske oplevelse, og kan ligeledes kritiseres for, at lade sin egen personlige overbevisning af en transcendent virkelighed påvirke undersøgelsens resultater[47]. Hvor denne kritik måske er berettiget hos James, er den åbenlyst tilgængelig hos Rudolf Otto, der indtager et nærmest naivt udgangspunkt, hvor eksistensen af det hellige og dets evne til at manifestere sig i

---

[46]Hammersholt 2011: 197
[47]Ibid.: 197

verden fremstår som en præmis for argumentationen. Hertil ville
Otto sandsynligvis være uenig, da han hævder, at det numinøse
rent faktisk kan erfares. Han ville svare igen på kritikken under
henvisning til de fideistiske aspekter af hans religionsfilosofiske
tilgang, og argumentere for, at jeg gør mig klog på noget, jeg ikke
kan tale med om, da jeg forsøger at forstå det ikke-rationelle på
det rationelles præmisser. Det numinøse skal erfares før det kan
forstås, og min forståelse er derfor, ifølge Otto, ikke eksisterende.
Som udgangspunkt er det svært at argumentere imod denne fidei-
stiske isolation, men Otto støder på et problem når han antager,
at hans personlige erfaringer af det ikke-rationelle virkelig kan
overføres til en direkte beskrivelse af virkelighedens beskaffenhed.
Han forholder sig m.a.o. ikke til usikkerheden imellem oplevelse
og virkelighed. En usikkerhed som kan hævdes at falde tilbage
på menneskets neurologiske kapaciteter. I henhold hertil argu-
menterer den danske religionshistoriker, Armin Geertz for, at den
menneskelige hjerne skaber illusionen om, at vi har fri adgang til
verden som den *er*, men at vores egentlige perception *ikke* er af
verden, men af *hjernens model af verden*[48]. En passende kritik kan
også føres på Ottos egne filosofiske præmisser. Jeg argumenterer
herved for, at Otto ender med at spænde ben for sig selv i sin
egen argumentation, da han indledningsvist i *Das Heilige* fremlæg-
ger menneskets egenskaber som begrænsede[49]. Dette må således
også gælde menneskets evne til at erfare virkeligheden, og hvis
vores erfaringsmæssige egenskaber er begrænsede qua det at være
menneske, da er Otto nødt til at forholde sig til, at erfaringen af
det numinøse ikke nødvendigvis er en erfaring af virkelighedens
beskaffenhed.

Overordnet set udtrykker James og Ottos teorier en tilgang til
mystikken, som er individorienteret og mangler refleksion over de
sociokulturelle aspekter af de mystiske oplevelser. De fokuserer li-
geledes meget på empiriens ligheder og kan kritiseres for at overse
forskellene. De udtrykker sig generelt i romantiserende vendin-
ger om oplevelsens udformning, og deres teorier bærer præg af
en manglende refleksion over problemerne vedrørende menne-

---

[48]Geertz 2011: 261
[49]Otto 1926: 1

skets (manglende) evne til at erfare virkelighedens ontologiske beskaffenhed.

Alle disse kritikpunkter blev ligeledes betonet af den tredje teoretiker i rækken, Steven Katz. Jeg nævnte her, at Katz skal forstås som en tænker, der applicerer den konstruktivistiske tænkning på mystikken. Hvad Katz bringer til billedet er således en kritik af den positivistiske epistemologi, der gør sig gældende hos James og Otto, samtidig med et skift fra den forskningsmæssige orientering på ligheder til i stedet at fremhæve forskelle. Med dette mener jeg, at Katz har leveret en vigtig tematisk forandring, der har været gavnlig for den akademiske tilgang til mystikken. Men Katz kan dog også kritiseres for at bevæge mystikforståelsen fra den ene yderlighed til den anden. Hvor ideen hos James og Otto var, at der findes en 'common core' ved mystiske erfaringer, ender Katz med at sige, at ingen erfaringer er de samme. Der er ingen fælles kerne der udgør den mystiske erfarings bestanddele. Oplevelsen er i stedet udelukkende konstrueret af individets idéunivers, og det er det konstruerede verdensbillede, der determinerer oplevelsens karakter.

Vi genkalder os nu, at jeg lavede en opdelingen af den tidligere og den senere Katz, på baggrund af to forskellige argumentationsstrukturer. Her præsenterede den tidligere Katz et *a priori* argument, hvilket er problematisk, da han derved kan føre sin pointe igennem uden at forholde sig til empirien, imens han desuden, ligesom Otto, kan siges at holde en forudindtaget forståelse af verden, som determinerer argumentationens slutninger. Den senere Katz ændrede argumentationen, så hvad der tidligere var en præmis, i stedet blev en mulig slutning. Herved fremstår konklusionen knap så determinerende og argumentationen kommer til at hvile på kildematerialet i stedet for en forudindtaget præmis om verdens beskaffenhed.

Den konstruktivistiske tilgang som Katz er fortaler for, var særligt dominerende op igennem 80'erne og 90'erne, men som vi så ved Robert Forman, mødte den konstruktivistiske tænkning også modstand[50]. Formans kritik gik særligt på, at på trods af, at den

---

[50]Forman 1990: 9

sociokulturelle kontekst spiller en rolle i individets erfaring, så er det stadig muligt at lokalisere en særlig psykologisk bevidsthedstilstand, som er gældende på tværs af kulturer. Her fremhævede han *the pure consciousness event*, der beskrives som en indholdsløs bevidsthedstilstand uden erkendelse af omverdenen. Jeg mener her, at det netop er i betoningen af det indholdsløse, at Forman ser et smuthul i henhold til den konstruktivistiske tænkning. Det er således svært at se, hvordan en indholdsløs erfaring kan være dannet af den sociokulturelle kontekst, da individets idéunivers netop må siges at være indholdsfyldt. På overfladen virker Formans teori da også meget plausibel, for hvorfor skulle mennesket ikke kunne indtræde i en indholdsløs bevidsthedstilstand med lav kognitiv aktivitet? Kritikken herved går på, at Formans teori bygger på en bevidsthedsmodel, der er alt for spekulativ[51]. Hertil kommer, at når Forman taler om en indholdsløs erfaring, så beskriver han egentlig en erfaring af den intransitive bevidsthed (jf. Taves' terminologi), men den intransitive bevidsthed kan logisk set ikke erfares, hvilket betyder, at der må være tale om en transitiv bevidsthed, hvor erfaringens objekt er 'ingenting'[52]. Hertil kan man således føre argumentet, at ideen om den indholdsløse erfaring skal være til stede i den sociokulturelle kontekst, før erfaringen af 'ingenting' kan gøre sig gældende. Og dermed lykkes Forman alligevel ikke med sit smuthul udenom den konstruktivistiske tænkning.

Det interessante ved Formans teori er bl.a., at han revitaliserer 'common-core '-tilgangen under et nyt dække, efter at denne var blevet skudt ned af Steven Katz og den konstruktivistiske tænkning. Dette gør han netop ved at legitimere sin teori under henvisning til Fischers bevidsthedskartografi og underforstået også den menneskelige hjerne. Hvis vi i et metaperspektiv anskuer de forklaringsmetoder, der kommer til udtryk hos Robert Forman, så kan vi se dem som udtryk for en bredere tendens, som har gjort sig gældende siden starten af 90'erne. Nemlig etableringen af det religionsvidenskabelige kognitionsparadigme[53]. Et forsk-

---

[51]Lutz 2007: 500
[52]Taves 2009: 59
[53]Hammersholt 2007: 50

ningsparadigme som sandsynligvis vil bidrage markant til den fremtidige individorienterede mystikforskning. I relation hertil og som det sidste skud på stammen, blev vi konfronteret med Ann Taves' *Religious Experience Reconcidered*. Et værk, der netop forsøger at bygge bro imellem naturvidenskabelige og humanistiske teorier, og som desuden postulerer et ønske om at påbegynde en ny forskningstilgang. Et ønske hun på sin vis deler med den danske religionshistoriker, Armin Geertz, som i 1990 fremlagde det synspunkt, at den tidligere mystikforskningen har været præget af en sådan epistemologisk uforsvarlighed, at der er brug for, at tavlen viskes ren, så vi kan starte på en frisk[54]. I denne forbindelse kan Ann Taves' og andre kognitionsorienterede bidrag netop siges at være dette nye skud på stammen, der lader os starte forfra med mystikforskningen. Generelt set kan disse tilgange skabe fundamentet for en ny fokusering på mystiske oplevelsers ligheder, og dermed tilbyde et alternativ til den dekonstruktion af mystikbegrebet som den konstruktivistiske tænkning i mange henseender har impliceret. Ann Taves' distinktioner imellem forskellige typer af erfaringer kan f.eks. vise sig nyttig i forsøget på at imødekomme den inkonsistente brug af mystikbegrebet, som har været evident igennem forskningens historie. F.eks. inkluderer Katz en bred vifte af visionære oplevelser, imens Forman ekskluderer disse fra sit mystikbegreb. Min pointe er, at de forskellige teoretikere egentlig taler om vidt forskellige typer af oplevelser, selvom de klassificerer dem under den samme betegnelse, og at vi muligvis kan imødekomme dette problem ved at benytte Taves' typologier. F.eks. fokuserer James og Forman meget tydeligt på oplevelser, der *ikke* indikerer agentur, imens Ottos beskrivelser af det numinøse og Katz' visioner, udgør oplevelser, der netop indikerer agentur. Ved at gøre sig klart hvilke *typer* af oplevelser, der studeres, vil mystikforskningen i højere grad kunne undgå at sammenligne æbler og pærer i fremtiden.

---

[54]Geertz 1990: 32

Konklusion

Målet med denne artikel har været at danne et overblik over mystikkens forskningshistorie via en præsentation af forskellige teoretiske tilgange, fra forskellige historiske perioder. I denne henseende præsenterede jeg William James og Rudolf Ottos teoretiske bidrag fra starten af 1900-tallet, som i en samlet term kunne siges at repræsentere en 'common core'-forståelse af mystikken. Her mente James, at der var tale om særlige mystiske bevidsthedstilstande, der kunne kategoriseres ud fra sine særegne kvaliteter, imens Otto mente, at den mystiske erfaring var et indblik ind i den ikke-rationelle virkelighed. Disse bidrag kunne kritiseres for en alt for positivistisk epistemologisk tilgang til mystikken, men ikke desto mindre udgjorde 'common-core'-tesen den dominerende mystikforståelse indtil denne mødte kritik fra den konstruktivistiske tænkning, for hvilken Steven Katz var den største fortaler. Med denne nye angrebsvinkel blev ideen om en tværkulturel mystikkategori på mange måder dekonstrueret, og et tematisk skift fandt sted, hvor den tidligere fokusering på ligheder blev skiftet ud med en tilsvarende orientering mod kildernes forskelle. Robert Forman var den fjerde teoretiker, der blev undersøgt i denne artikel. Hans bidrag fra starten af 90'erne pustede nyt liv i 'common-core' forståelsen af mystiske oplevelser. Dog ikke ved at postulere det helliges eksistens, men i stedet ved at fremhæve *the pure consciousness event*, som en indholdsløs bevidsthedstilstand, der udgør en neurologisk kapabilitet for mennesker, uafhængigt af den givne sociokulturelle kontekst. Konflikten imellem den konstruktivistiske tilgang og den psykologiske 'common core'-tilgang, har særligt kendetegnet nyere tids mystikdebat, men begge tilgange har sine problemer. Steven Katz' argumentation havde f.eks. det problem, at den udtrykte et *a priori* argument, der kunne siges blot at levere en ontologisk påstand, imens Robert Formans teori hvilede på en meget spekulativ bevidsthedsmodel. Den sidste teoretiker som artiklen behandlede var religionshistorikeren Ann Taves, der kombinerede humanistiske og naturvidenskabelige teorier i forsøget på, bl.a., at forklare hvorfor visse oplevelser fremhæves som mystiske. Her argumenterede jeg afslutningsvist for, at hendes distinktion imellem anormale oplevelser, der indikerer agentur og anormale oplevelser, der ikke indikerer agentur, fremlagde et billede hvor de forskellige teoretikere egentlig har talt om vidt forskellige *typer* af oplevelser i deres respektive beskrivelser. Dette kom til udtryk i artiklens afsluttende afsnit.

Bibliografi

Ann Taves, Religious Experience Reconsidered – A Building-Block Approach to the Study of Religion and Other Special Things (Princeton Oxford: Princeton University Press, 2009), 3-168.

Antoine Lutz, John D. John Richard J. Davidson, "Meditation and the Neuroscience of Consciousness: An introduction". I The Cambridge Handbook of Consciousness, red. Zelaso P., M. Moscovitch E. Thompson (Cambridge: Cambridge University Press, 2007), 499-551.

Armin W. Geertz, "Den mystiske mystik – neurologisk, socialpsykologisk og kulturanalytisk set". I Mystik – i filosofi, religion og litteratur, red. Aksel Haaning Magnus Riisager (Højbjerg: Forlaget Univers, 2011), 259-293.

Armin W. Geertz, "Introduktion: Mystik som et religionsvidenskabeligt problemområde". I Mystik – Den indre vej? En religionshistorisk udfordring, red. Per Bilde Armin W. Geertz (Aarhus: Aarhus universitetsforlag, 1990), 9-32.

Daniel L. Pals, Nine Theories of Religion (New York Oxford: Oxford University Press, 2015), 185-226.

Knut A. Jacobsen, Hinduismen (Oslo: Pax Forlag, 2003), 177-189.

Robert Forman, "Introduction: Mysticism, Constructivism, and Forgetting". I The Problem of Pure Consciousness – Mysticism and Philosophy, red. Robert Forman (Oxford: Oxford University Press, 1990), 3-49.

Rudolf Otto, The Idea of the Holy – An inquiry into the Non Rational factor in the Idea of The Divine. Tr. J. W. Harvey (Oxford: Oxford University Press, 1926 [1917]), 1-183.

Steven T. Katz, "Language, Epistemology, and Mysticism". I Mysticism and Philosophical Analysis, red. Steven T. Katz (Oxford: Oxford University Press, 1978), 22-74.

Steven T. Katz, "The 'Conservative' Character of Mystical Experience". I Mysticism and Religious Traditions, red. Steven T. Katz (Oxford: Oxford University Press, 1983), 3-60.

Torben Hammersholt, "Et kritisk religionsvidenskabeligt perspektiv på mystikkens forskningshistorie". I Mystik – i filosofi, religion og litteratur, red. Aksel Haaning Magnus Riisager (Højbjerg: Forlaget Univers, 2011), 193-230.

Torben Hammersholt, "Mystik – et komparativt, religionsvidenskabeligt perspektiv", Religionsvidenskabeligt tidsskrift 49 (2007), 49-72.

William James Martin E. Marty, The Varieties of Religious Experience (London: Penguin Books, 1982 [1902]), 379-429.

Johannes af Korset

Benjamin Birk Christophersen

Indledning

I denne artikel vil jeg prøve at finde frem til en placering af studiet af mystik i relation til feltet for vestens esoteriske traditioner. Vestens esoteriske traditioner er et relativt nyt videnskabeligt felt, men et område med en lang historie og omfangsrig indflydelse på samfundet. Studiet af vestens esoteriske traditioners videnskabsteoretiske grundlag er stadig under udvikling, blandt andet gennem anerkendte forskeres indlæg i debatten. På grund af feltets unge alder og den svære diskussion om mystik i relation til esotericisme, er det meget relevant at afdække og forstå problematikkerne og de enkelte argumenter. Denne artikel vil fokusere særligt på Antoine Faivre og Arthur Versluis' positioner, men der vil også forekomme relevante pointer fra blandt andre Wouter Hanegraaff og Tim Rudbøg. Kontrasten mellem Faivres historisk-empiriske position og Versluis' universalistisk sympatiske position er særligt interessant og ud fra denne vil jeg forsøge at konstruere en meningsfuld diskussion. Efter en redegørelse for deres standpunkter, vil jeg se nærmere på kristen mystik i middelalderen, for at opnå et kendskab til fænomenet kristen mystik, forud for en kort redegørelse for Johannes af Korsets ungdom og opvækst. Derefter vil der følge en analyse af Johannes af Korsets *The ascent of mount Carmel: Book one*. Johannes af Korset var en kristen renæssancemystiker og netop hans værker og ideer kan bruges som eksempel i debatten om hvilke områder der skal inkluderes i et videnskabeligt studie af esotericisme. Han benævnes ikke normalt som esoteriker, men omtales i stedet som mystiker. Analysen vil blive udført vha. hermeneutisk læsning og forståelse af Johannes af Korsets værk, hans lære og den baggrundsviden der er opnået gennem læsning om mystik og vestens esoteriske traditioner. Artiklens formål er at finde ud af om der findes en reel demarkation mellem studiet af mystik og studiet af vestens esoteriske traditioner eller om det er en kunstig adskillelse.

Hvad er vestens esoteriske traditioner?

Denne del af artiklen vil omhandle det videnskabelige felt for vestens esoteriske traditioner. I behandlingen af dette vil der indgå en kort historisk redegørelse, en begrebsafklaring og en præsentation af Antoine Faivres historisk-empiristiske position og Arthur Versluis' universalistisk sympatiske position med efterfølgende diskussion af disse. Studiet af esoteriske traditioner har en meget interessant historie og indeholder et stort uforløst potentiale. Potentialet kan ligge i feltets interne udviklingsmuligheder og øget viden om de esoteriske traditioner, mens andre forventer, at feltet over tid kan slå ringe i vandet og medføre en genfortolkning af den europæiske idehistorie og dermed også en ny forståelse af hvad vi tilskriver betydning, for at vores samfund ser ud som de gør i dag.

Feltets historie

Studiet inden for vestens esoteriske traditioner er et relativt nyt fænomen, hvis man fx sammenligner feltet med andre studieområder eller fag. På trods af feltets relativt korte historie kan man alligevel tale om, at det er ved at finde indpas på mange universiteter i Europa og i USA. Denne fremgang i interessen for studiet og i omfanget af forskere der beskæftiger sig med det, er lovende for udviklingen og dynamikken i studiet af vestens esoteriske traditioner. Nicolas Goodrick-Clarke nævner, i introduktionen til sin bog *The Western Esoteric Traditions*, at den brede videnskab og historiefaget gennem tiden har distanceret sig fra og neglegeret de esoteriske traditioners betydning og indflydelse på grund af fordomme og berøringsangst[1]. Goodrick-Clarke fremhæver flytningen af Aby Warburgs (tysk kunsthistoriker) bibliotek fra Hamburg Universitet til Londons Universitet og den efterfølgende række af forskere, der forskede ved Warburg instituttet, som en afgørende landvinding for studiet af vestens esoteriske traditioner[2]. Ikke på den måde, at de grundlagde studiet af vestens esoteriske traditioner, men de genoptog negligerede og glemte sider af den vestlige kulturarv og udvikling. Frances Yates var en af disse forskere ved Warburginstituttet i London og hun skrev i 1964 bogen *Giordano Bruno and the Hermetic Tradition*. Denne bog og Yates' forskning var med til at ændre måden hvorpå man så den hermetiske traditions indflydelse i renæssancen. Hun præsenterede muligheden, for at den hermetiske traditions filosofi, teologi og forståelse af menneskets potentiale havde lagt grundstenene til den videnskabelige revolution der kom omkring 100 år senere[3]. Frances Yates og andre forskere, så som Henry Corbin og Antoine Faivre brugte det momentum og interesse der opstod for forskningen i esoteriske, spirituelle og mystiske ideer, og der bliver op gennem 1950'erne, 1960'erne, og 1970'erne lavet et voldsomt stort stykke forskning i blandt andet teosofi, kristen mystik, alkymi, renæssancefilosofi og teologi osv. Disse studieområder ligger inden for det, vi i dag kan kalde vestens esoteriske traditioner. Men feltet var stadig kun i etableringsfasen på det tidspunkt. Henry Corbin og Antoine Faivre var på hver sin måde med til at skabe analytiske redskaber til brug i forskningen i vestens esoteriske traditioner. Corbin var i høj grad interesseret i, at skabe en analytisk tilgang og forståelse af det spirituelle og brugte til sit studie en komparativ hermeneutisk metode[4]. Faivre har været mere interesseret i at forstå og kortlægge idestrømmenes ophav og indflydelse. Blandt andet derfor undersøger han fænomenet historisk og afgrænset geografisk og tidsmæssigt til den vestlige kultur og fra

---

[1]Goodrick-Clarke, Nicholas, *The Western Esoteric Traditions*, Oxford University Press, 2008, pp. 4
[2]Ibid.
[3]Ibid. pp. 5
[4]Ibid.

renæssancen og fremefter[5]. Faivres metodiske tilgang vil blive behandlet i et senere afsnit. I 1979 får Faivre tildelt en lærestol ved Sorbonne Universitet og dette er endnu en stor landvinding for studiet i vestens esoteriske traditioner. Siden er Faivres model og tilgang til studiet blevet en grundpille for studiet af vestens esoteriske traditioner og det er ofte hans metodiske tilgang der bliver sammenlignet med, hvis andre vil komme med en alternativ metodisk tilgang[6]. Det ses blandt andet hos forskere som Wouter Hanegraaff og Arthur Versluis, der begge deltager i debatten om metode og teori og forholder sig til Faivres formative arbejde. Hanegraaff stiller spørgsmålstegn ved tidligere tiders forskning i de esoteriske traditioner. Han har opfattelsen af, at man nogle gange har afskrevet de esoteriske traditioner som værende uinteressante, fordi de ikke var rationelle og videnskabelige i moderne forstand. Det medfører reduktionisme og det er selvsagt ikke en eftertragtet egenskab i videnskaben. Hanegraaff ønsker et studie af vestens esoteriske traditioner, der har øje for den betydning traditionerne har haft indbyrdes og for idehistorien. Ydermere ønsker han, at studiet skal bestå af teoretiske etic konstruktioner, som hele tiden informeres og underbygges af emic synsvinkler[7]. Som dette korte indblik i studieområdets udvikling illustrerer, er det endnu i en etableringsfase, hvor forskellige forskere prøver at finde et metodisk grundlag, hvormed man kan eliminere faldgruber som fx subjektiv forskning, reduktionisme, perennialisme, misforståelser og vildledninger. Ligesom et hvilket som helst andet fag, disciplin eller studieområde, skal også studiet af vestens esoteriske traditioner hele tiden debatteres, for at opnå de bedst mulige resultater, der kan hjælpe hen imod videnskabens egentlige mål: at opnå viden om det studerede.

Antoine Faivres position

Antoine Faivre er, som nævnt, en af de største forskere i studiet af vestens esoteriske traditioner. Han har været med til at give

---

[5]Ibid. pp. 7
[6]Ibid.
[7]Ibid. pp. 10

studiet de rammer som det udfolder sig under i dag. Han giver, i introduktionen bogen *Western Esotericism: A Concise History* udtryk, for at hans udgangspunkt for studiet er begrænset geografisk og tidsmæssigt til den moderne vestlige historie[8]. Argumentet for denne indramning af vestens esoteriske traditioner skal findes i Faivres forståelse, af at antikke ideer og strømninger, såsom alkymi, astrologi, magi og enhed med gud (Corpus Hermeticum), amalgamerede i den europæiske renæssance og blev til det historiske fænomen vestens esoteriske traditioner[9]. Faivres mål med disse rammer er at undgå, at falde i den gruppe af forskere der har en *a priori* tilgang til studiet, hvormed de forsøger at få specifikke fænomener til at passe i en bestemt forståelse af de esoteriske traditioner. Faivre ønskede omvendt at se, om "(...) some of these materials would have sufficient common characteristics (hence, in the plural) so that, as a whole, they could be considered a specific field."[10] På denne baggrund kunne Faivre konstruere en model, som han mente dækkede området 'modern western esotericism'. Denne model kan bruges til studiet af de moderne vestlige esoteriske traditioner. Modellen indeholder fire fundamentale egenskaber der skal være samtidigt tilstede, for at teksten, forfatteren, gruppen eller tendensen kan ses som værende en del af det område der kaldes 'modern western esotericism'. Faivres model indeholder desuden to sekundære egenskaber, der ikke altid er tilstede, men giver modellen øget fleksibilitet[11]. De fire første egenskaber, der konstituerer studieområdet, er som følger: 1. Ideen om universelle korrespondancer. Denne tanke forudsætter, at der findes korrespondancer mellem fx himmellegemerne og menneskets kropsdele, således at disse kan influere på hinanden. Det kan også komme til udtryk i forbindelsen mellem religionernes åbenbarede tekstkorpus og naturen. 2. Ideen om levende natur. Faivre skriver om denne ide, at kosmos ikke kun består af de ovennævnte korrespondancer, men at naturen derimod også

---

[8]Faivre, A., Rhone, Christine. Western Esotericism: A Concise History. Albany: State University of New York Press, 2010
[9]Goodrick-Clarke, 2008, pp. 7
[10]Faivre, A. 2010, pp. 11
[11]Ibid.

er "Permeated with invisible but active forces, the whole of nature, considered as a living organism (...)."[12] Naturen opfattes altså som en bevidsthed, der kan agere med skjulte kræfter. 3. Medieringer og forestillingsevne. Medieringer kan være ritualer, symboler og handlinger, der har betydning på flere niveauer. For at få adgang til de ikke umiddelbart tilgængelige niveauer af virkeligheden, skal forestillingsevnen bruges. Hvis man bruger hvad Faivre kalder *"active" imagination* gør man ritualerne eller symbolerne til "(...) a tool of knowledge (gnosis)(...)"[13]. Medieringer er afhængige af 'forestillingsevnen', hvis man skal opnå viden om de niveauer af virkeligheden, der ikke er umiddelbart tilgængelige for sanserne. 4. Oplevelsen af transmutation. Denne egenskab forbinder de tre foregående, ifølge Faivre. Det er den oplevede del af dem. Egenskaben består i en forandring af ens egen natur og ligeledes en forandring af naturen (kosmos)[14]. De fire ovenstående egenskaber udgør, ifølge Faivre, de ting der skal indgå i en tradition, tekst, eller ide før vi kan sige den hører til i studieområdet for 'modern western esotericism'. Ud over de fire ovennævnte egenskaber konstruerer Faivre yderligere to, som han kalder sekundære. 'Concordance' er den første, og i denne ligger trangen til at opdage homologier mellem tidligere traditioners lærdom, med den antagelse, at de kan have samme autentiske og guddommelige kilde. Man leder efter 'prisca theologia', som i en fri oversættelse betyder 'den gamle viden om det guddommelige'. Begrebet 'prisca theologia' stammer tilbage fra det 15. århundrede, men er blevet revitaliseret i det 19. århundrede blandt andet pga. det komparative religionsstudies fremkomst og senere er det et begreb som moderne teosofi har brugt, skriver Nicholas Goodrick-Clarke i sin bog *The Western Esoteric Traditions*[15]. Den anden sekundære egenskab er 'transmission'. Her forstås en transmission af den esoteriske viden, hvormed man sikrer, at den der videregiver viden er i en position med autoritet og autenticitet, og at modtageren ligeledes er i en passende position. Modellens

---

[12]Ibid. pp. 12
[13]Ibid.
[14]Ibid.
[15]Goodrick-Clarke 2008, pp. 9-10

formål var, som tidligere nævnt, at konstruere og teoretisere et område hvor der ikke tidligere har været en historisk-empirisk tilgang. Faivres model viser med al tydlighed hvordan han ser på studiet af de esoteriske traditioner. Faivre vil hellere tale om *'forms of thought'* end om 'det okkulte', da det er et bredere begreb i den forstand, at det er mere åbent for en metodisk kategorisering, der ligger vægt på empirisk historisk data[16]. Han prøver at demarkere sin tilgang til studiet fra både religionisterne, som tager hensyn til det åndelige aspekt af religion i deres studie, og fra universalisterne, der ønsker at undersøge de esoteriske tanker og ideer som et fænomen, der ikke nødvendigvis er bundet af tid og sted. Vi skal i næste afsnit se på en universalistisk tilgang til studiet af esoteriske traditioner, når Arthur Versluis' position præsenteres.

Arthur Versluis' position

Arthur Versluis, professor i 'religious studies' ved Michigan State University, har ligesom Faivre gjort et stort stykke arbejde, for at skabe og udvikle metodisk tilgang til studiet af vestens esoteriske traditioner. Udover hans arbejde med videnskabsteori, har han forsket i magi, kristen teosofi, mystik og mange andre områder. Versluis har sin egen videnskabsteoretiske position, men inden den præsenteres er det vigtigt at nævne hans tilgang til andre teoretikere og metodiske tilgange. Han understreger, i sin bog *What is esoteric – Methods in the Study of Western Esotericism*, at:

"(...) no single methodological approach – be it empirico-historical, typological, internal, or otherwise – should dominate this field of study, for each genuinely investigate approach has something to offer in developing a broader and deeper understanding of esotericism".[17]

Det interessante ved dette standpunkt er den tilsyneladende store tillid til en bred vifte af metodiske positioner, i håbet om at de kan indgå i en symbiose, der kan forløse feltets potentiale. Versluis mener tydeligvis, at feltet har et stort uforløst potentiale, der bare

---

[16]Faivre, A. 2010, pp. 13
[17]Versluis, Arthur, 'What is Esoteric? Method in the Study of Western Esotericism'.Esoterica, IV, 2004 pp. 10

ligger og venter på at redefinere den måde vi forstår vores ide-
og udviklingshistorie. Dette potentiale kan dog hverken forløses
med en ren empirisk-historisk tilgang, en komparativ metode eller
sågar en fuldstændig emic tilgang. Versluis opstiller en ny tilgang
til studiet, der skal forsøge at skabe en metodisk og teoretisk
middelvej mellem de ovennævnte tilgange. Versluis ønsker ikke,
på forhånd at skabe en kategori for vestens esoteriske traditioner,
hvormed man inkluderer eller ekskluderer ideer, tanker, personer
og grupper. Han præsenterer et langt simplere krav til hvad man
kan studere som værende esoteriske traditioner. Definitionen af
ordet 'esoterisk' lægger hjørnestenen til hans tilgang:
    "(...) knowledge that is restricted to or intended for a limi-
ted group, and not for society at large. The word "esoteric", in
other words, refers to a secret or semisecret spiritual knowledge,
including both cosmological and metaphysical gnosis (...)."[18]
    Her er det vigtigt, at man lægger mærke til ordet 'knowledge'
eller 'gnosis', da det er det ord fænomenet har i centrum, ifølge
Versluis. Det er altså denne gnosis som er det esoteriske (den
hemmelige viden der overdrages) ved de esoteriske traditioner
(Ibid.). Versluis siger om gnosis-begrebet, at der findes to typer
gnosis: kosmologisk gnosis og metafysisk gnosis. Han beskriver
dem således:
    "Cosmological gnosis illuminates the hidden patterns of nature
as expressing spiritulal or magical truths (...) Metaphysical gnosis,
on the other hand, represents direct insight into the transcendent
(...)"[19]. Hvis gnosis virkelig er det centrale og interessante ved
forskningen i esoteriske traditioner, så må man inkludere alle de
'emner' der indeholder en esoterisk/hemmelig overlevering af
gnosis, som værende valide empiriske kilder til studiet af esote-
riske traditioner. Versluis bruger gnosisbegrebet til at skabe og
afgrænse studieområdet for esoteriske traditioner. En anden ting
er metoden hvorpå han mener, at feltet skal tilgås. Versluis me-
ner, at det er vigtigt at anerkende den signifikante forskel, der
er på de esoteriske traditioners rationale og præmisser og på
det moderne rationale og måde at tænke og forstå. Hvis man

---

[18]Ibid.
[19]Ibid.

anderkender denne forskel, kan man måske se og forstå verden
på en ny måde[20]. Med denne anerkendelse er indlevelsesevnen
og forestillingsevnen et nødvendigt følge. Versluis siger det på
denne måde: "(...) this imaginative effort is critical if one is to
truly understand one's esoteric subject from within as well as from
without."[21] Argumentet for indlevelsens nødvendighed er blandt
andet, at man risikerer reduktionisme, hvis man ikke sætter sig
udover sin etic empirisk-historiske tilgang til det studerede. Man
må finde balancen mellem at respektere de videnskabelige dyder,
som objektivitet, uafhængighed, rationalitet osv. på den ene side,
og på den anden side at leve sig ind i de esoteriske traditioners
verden, for at forstå deres søgen efter og forhold til gnosis. Versluis
siger det selv meget godt på denne måde: "This secret or hidden
knowledge is not a product of reason alone, but of gnosis (...)"[22].
Dermed understreger han, at esoterikerens produkt ikke kommer
af fornuft alene. Det er vigtigt at indse som forsker i de esoteriske
traditioner.

Kristen mystik i middelalderen

Efter denne præsentation af Versluis' og Faivres videnskabsteo-
retiske position vil artiklens fokus nu rettes mod kristen mystik
og Johannes af Korset. For at forstå baggrunden for Johannes af
Korset og hans kontekst, er det vigtigt at kende noget til kristen
mystik i middelalderen og renæssancen. Kristen mystik er en næ-
sten uoverskuelig størrelse, da det er et fænomen, der kan ses
mere eller mindre fremtrædende op igennem hele kristendom-
mens historie, næsten 2000 år. Bruce Milem har skrevet en ganske
fin artikel i *The Cambridge Handbook of Western Mysticism and Eso-
tericism*, hvori han redegør for og reflekterer over kristen mystik
i middelalderen. Jeg vil bruge nogle uddrag derfra til at belyse
hvordan kristen mystik udvikler sig op til Johannes af Korsets tid.
Mystikken er i mange århundrede ikke på kant med kirkens offici-

---

[20]Ibid. pp. 13
[21]Ibid. pp. 12
[22]Ibid. pp. 11

elle teologi eller praksis, men er i høj grad mainstreamteologi[23].
De vanlige konnotationer ved ordet mystik, som fx hemmelighol-
delse, kontrast til det normale og at det er en irrationel praksis,
må altså til dels tilsidesættes, når man har med kristen mystik fra
middelalderen at gøre. Milem skriver, at den moderne opfattelse
af mystik, som blandt andre Evelyn Underhill og Rudolf Otto har
været med til at skabe, er funderet på tanken, om at mystik er
et erfaringsbaseret fænomen på kanten af institutioner og auto-
riteter. Denne fundering kan være misledende, når man ser på
kristen mystik fra før renæssancen. De kristne mystikere havde en
forventning, om at deres praksis stemte overens med kirkens og
bibelens lære[24]. Deres fokus var på den forvandling, den kristne
oplever i sin omvendelse og i livet med Gud. Gennem den rette
forståelse og livsførelse kunne man opnå en 'forening' med Gud i
dette liv[25]. Kirkefaderen Augustin kan uden videre beskrives som
en af de teologer med størst indflydelse på den kristne teologi, og
denne indflydelse gælder også kristen mystik. Augustin mente, at
man kunne opnå klarsyn og erfare Gud direkte i dette liv, ikke
i et billede eller i en ting, men i en intellektuel overbevisning
uafhængig af sanserne. For at opnå denne midlertidige og ufuld-
stændige erfaring af Gud, skulle man gennemgå 3 stadier: 1. fjerne
fokus fra sanselig ting, 2. søge indad og 3. Gud handler og løfter
individet op, så det kan erfare Gud direkte. Det sidste stadie sker
alene ved Guds indgriben[26]. Augustins syn på bibelen kan også
belyse det forhold, at kristne teologer, tænkere og mystikere så
bibellæsning som et møde med Gud. Det fremherskende bibelsyn
indeholdt en forståelse, af at de bibelske passager indeholdt flere
betydningsmæssige niveauer, som skulle 'åbenbares' for læseren.
Milem skriver, at Augustins lære om, at de bedste steder at møde
Gud, var i sig selv og i bibelen, har influeret kristen mystik op
igennem hele middelalderen[27]. Johannes af Korset skriver i renæs-

---

[23]Milem, B. (2016) 'Medieval Christian Mysticism', i Magee, G.A. (ed.) The Cam-
bridge Handbook of Western Mysticism and Esotericism:. Cambridge: Cambridge
University Press, pp. 116
[24]Ibid. pp. 107
[25]Ibid.
[26]Ibid. pp. 108
[27]Ibid. pp. 109

sancen, men har trukket store veksler på tidligere tiders teologer, mystikere og klosterbevægelser. Fx citerer han fra Augustins værk *Soliloquies* i *Book One* i *The Ascent of Mount Carmel*[28]. Det kan være givtigt at læse Johannes af Korset ind i en tradition, men man må ikke glemme at undersøge hans værker som selvstændige tanker og ideer.

Johannes af Korset – Baggrund

Dette afsnit skal tjene formålet at introducere Johannes af Korsets tidlige liv og det der har influeret ham i hans opvækst. Johannes af Korset var en spansk carmelittermunk, præst og mystiker. Han blev født i 1542 i Fontiveros. Hans forældre var Gonzalo De Yepes og Catalina Alvarez. Da Gonzalo dør i 1545, indledes nogle meget svære år for familien og de lever formentlig i ekstrem fattigdom. Johannes' bror, Luis dør i 1548 og derefter flytter familien først til Arévalo og i 1551 flytter de til Medina del Campo. Her får Johannes adgang til at gå i en skole for udsatte og forældreløse børn. Undervisningen bestod primært i kristendom. I syv år gik han i denne skole og tjente samtidig som hjælper i en kirke. 1559 begynder han at studere forskellige humanistiske fag og teologi på en jesuiterskole, mens han tjente på hospitalet i Medina[29]. Jesuiterordenen blev grundlagt i 1534 af Ignatius af Loyola og havde fokus på undervisning og mission. Ignatius af Loyola er blandt andet forfatter til bogen *Åndelige øvelser* hvori han beskriver meditative øvelser, af ekstrem karakter, der skulle hjælpe til at undertrykke verdslige lyster, for at blive klar til hengivenhed for Gud og hans kald[30]. Ignatius af Loyola var en kristen mystiker og det kan være med til at belyse Johannes af Korsets historiske og

---

[28]St. John of the cross, The ascent of mount Carmel: Book one (Stanza, Prologue og Book one) i Kavanaugh, Kieran Rodriguez, Otilio The collected works of St. John of the Cross, ICS Publications, Washington DC, 1991, pp. 188

[29]Peers, E. Allison, 'An Outline of the Life of St. John of the Cross', 'General Introduction to the Works of St. John of the Cross' og 'Introduction' i The Essential St. John of the Cross, Red.: Peers, E. Allison, Start Publishing LLC, 2012, pp. 19

[30]Campbell, Gordon, 'Ignatius Loyola or (Spanish) Ignacio de Loyola', i The Oxford Dictionary of the Renaissance, Red. Campbell, Gordon, Oxford University Press, 2003

geografiske kontekst. Johannes udmærkede sig både gennem hans studie og på hospitalet, og efter endt uddannelse var både jesuitterne og hospitalet interesseret i at ansætte ham i sikre stillinger, men Johannes valgte en anden vej. Han valgte at lade sig indskrive i karmeliterordenen i 1563 hvor han fik navnet (Broder) Johannes af St. Matthias. Efter hans novicetid tog han til Salamanca, hvor han læste forskellige fag, blandt andet teologi, mens han udførte hans pligter i ordenen. Vi kan vide, at han var meget talentfuld og beundret fordi han blev udnævnt til præfekt, og dermed skulle stå for undervisning og forsvar af den lære der var på universitetet, allerede mens han endnu var studerende[31]. I 1567 bliver Johannes ordineret til præst, og han tager til Medina for at udføre den opgave. I Medina møder han Madre Teresa de Jesús og det bliver på mange måder et møde der skulle ændre Johannes' livsforløb. Teresa de Jesús var mystiker og blev en stor inspirationskilde for Johannes af Korset. Teresa de Jesús ville udbrede en alternativ levevis for karmeliterne med asketisk livsførelse i små fælleskaber under en simpel klosterregel. Allison Peers peger på, at Teresa de Jesús' ideal om små, simple fællesskaber "had its background in a larger movement of reform that had spread through sixteenth-century Spain."[32]. Denne reformbevægelse havde bestemte kendetegn, såsom "the return to one's origins, primitive rules, and founders; a life lived in community with practices of poverty, fasting, silence, and enclosure; and, as the most important part, the life of prayer."[33]. Disse kendetegn var i høj grad tilstede i Teresa de Jesús' tanker om det gode fællesskab og senere også i Johannes af Korsets arbejde med åndelig vejledning.

The Ascent of Mount Carmel

Dette afsnit vil omhandle et af Johannes af Korsets store værker: *The Ascent of Mount Carmel*. Værket er opdelt i tre bøger og omhandler sjælens rejse mod forening med Gud. Værkerne er skrevet som en vejledning, og en forklaring af den proces sjælen gennem-

---

[31] Peers 2012, pp. 19-21
[32] Ibid. pp. 22
[33] Ibid.

går på opstigningen til Gud. *The Ascent of Mount Carmel* består af et digt med 8 strofer eller stanza og forklaring af, og kommentarer til disse. Denne analyses hovedfokus vil ligge på den første bog, som beskriver og redegør for 'sansernes nat'. Bogen er bygget op som en kommentar til de stanza Johannes har skrevet om rejsen til forening med Gud, men holder ikke formen hele vejen igennem, da Johannes skifter spor til en afhandlingslignende form, der fører ham ud i lange passager med argumentation fra bibelen. Johannes argumenterer altså både ud fra hans egen oplevelse, det digt han har skrevet derom, og ud fra bibelske passager. Det er et klassisk træk i kristen mystik, der ligesom andre kristne traditioner ofte søger autoritet i de bibelske skrifter. Det er åbenlyst, at Johannes har en forventning, om at hans ideer stemmer overens med og bekræftes af bibelen, da han igen og igen vender tilbage til skriftsteder i sin forklaring og argumentation. Johannes har nedskrevet *The Ascent of Mount Carmel* omkring år 1578-79. Værket er tæt forbundet med et af Johannes' andre værker: *The dark Night.* Sammen udgør disse to værker Johannes' lære om 'The dark night of the soul', der er læren om sjælens rejse mod forening med Gud. Værket skal forstås som en guide til dem, der er beredte på at undergå denne proces, skriver Johannes i prologen:

"My intention is not to address everyone, but only some of the persons of our holy order of the primitive observance of Mount Carmel, both friars and nuns (...) because they are already detached to a great extent from the temporal things of this world, they will more easily grasp this doctrine on nakedness of the spirit."[34]

Doktrinet der her nævnes er den lære Johannes ønsker at videregive igennem dette værk. Værket lader til at være skrevet direkte til de munke og nonner Johannes var åndeligt overhoved for, og derfor er det også interessant, at hans lære har overlevet og influeret både katolsk teologi og moderne forskning sidenhen. Med denne vinkel på sin målgruppe kan man muligvis argumentere, for at Johannes betragter den viden han vil videregive, som forbeholdt særligt udvalgte. Grundtanken er, at Gud udvælger og

---

[34]St. John of the Cross 1991, pp. 178

forbereder bestemte mennesker til at opnå højere indsigt. I lighed
med Augustin mente Johannes, at sjælens rejse mod Gud alene
kunne fuldendes ved Guds indgriben. Dette træk ved Johannes'
lære er almindeligt udbredt i kristen teologi både i middelalderen
og renæssancen, men også i nogle moderne kirkeretninger. Dog
mener Johannes, at man selv aktivt kan igangsætte den sjælelige
rejse mod Gud. Dette vil blive behandlet senere i analysen. I de
første kapitler af *Book One* præsenterer Johannes sin lære, om sjæ-
lens rejse mod forening med Gud i et kort og redegørende format.
Rejsen indeholder 3 nætter eller 3 dele af den samme nat. 1. del
eller skumringen, er der hvor sanseligheden glider væk, 2. del eller
midnatten er total mørke og der hvor troen er afgørende, 3. del er
er lige før solopgang og der hvor foreningen med Gud er mulig[35].
Johannes bruger natten som billede på rejsen mod forening med
Gud af flere årsager. Den begrundelse Johannes præsenterer er
delt i tre. Første begrundelse er, at ved rejsens begyndelse skal
individet afkaste sig lysten til alle verdslige besiddelser og sin
sanselighed. Om dette skriver Johannes: "This denial and priva-
tion is like a night for all one's senses."[36]. Denne benægtelse af
sanserne er Book one's primære fokus. Den anden begrundelse er,
at vejen hen imod forening med Gud "(...) is faith, and for the
intellect faith is also like a dark night"[37]. Den tredje begrundelse
ligger i Johannes' forståelse af Gud som mørke for sjælen i dette
liv. I den sjælelige rejse ligger der altså en fremmedgørelse overfor
denne verdens sanselighed, en vandring i intellektuelt mørke og
mismod, og sluttelig en åbenbaring af Gud som i dette liv ellers
er mørke og utilgængelig for sjælen. Efter denne korte gennem-
gang af rejsen til forening med Gud, går Johannes i dybden med
det første skridt på rejsen: fralæggelsen af kærlighed til ting og
væsener, og dette skridts nødvendighed. Gud er, ifølge Johannes,
ontologisk forskellig fra skabelsen og dermed også mennesket
og dets egenskaber: "Darkness, an attachment to creatures, and
light, which is God, are contraries and bear no likeness towards

---

[35]Ibid. pp. 181
[36]Ibid.
[37]Ibid.

each other (...)"[38]. Gud er uforenelig med mennesket, så længe det har kærlighed til ting og væsener og så længe det har sanseligt begær: "Consequently, the light of divine union cannot be established in the soul until these affections are eradicated"[39]. Johannes understreger den uendelige forskel på mennesket og Skaberen, og det gør han for at pointere vigtigheden af at fralægge sig nogle af de mest menneskelige ting, nemlig sanser og følelser. "Compared to the infinite goodness of God, all the goodness of the creatures of the world can be called wickedness", siger Johannes om mennesket og denne verden[40]. Johannes bruger mange sammenligninger, for at vise væsensforskellen på Gud og mennesket og han bakker disse sammenligninger op med passager fra både det ny testamente og det gamle testamente. Hans forventning, om at Skriftens ord stemmer overens med hans lære, er slående. Johannes tolker tilsyneladende mange af de tekster hans citerer, til at omhandle netop sjælens rejse mod Gud og 'the dark night of the soul'. Det ses tydeligt i kapitel 7, hvor Johannes skriver om Guds kald til mennesket om at efterlade sit jordiske begær og bekymringer og i stedet rette fokus på Ham[41]. Johannes bruger både passager fra Esajas bog, Davids salmer og de berømte ord af Jesus fra *Mathæusevangeliet* kapitel 11 vers 28-29:

"Kom til mig, alle I, som slider jer trætte og bærer tunge byrder, og jeg vil give jer hvile. Tag mit åg på jer, og lær af mig, for jeg er sagtmodig og ydmyg af hjertet, så skal I finde hvile for jeres sjæle. For mit åg er godt, og min byrde er let."[42]

Når Johannes citerer fra bibelen gør han det på latin, men oversætter det som regel efterfølgende, ofte med en fortolkning i oversættelsen[43]. Dette træk giver ham mulighed, for at konstruere en endnu tættere kohærens mellem hans lære og det som skal give hans lære autoritet: bibelen. Et andet eksempel er hans inddragelse af historien om Salomon, Davids søn som Gud skænkede visdom.

---

[38]Ibid. pp. 184
[39]Ibid.
[40]Ibid. pp. 185
[41]Ibid. pp. 195
[42]Bibelen, 1992 Bibelen, Det Danske Bibelselskab, København.
[43]St. John of the Cross, pp. 195

I kongebøgerne, i bibelen, beskrives det hvordan Salomon over tid neglegerer sit tilhørsforhold til Gud på grund af hans begær for mange koner. Det fører til at han begynder at tilbede afguder. Johannes bruger denne fortælling om Salomon til at bekræfte hans tese, om at begær og følelser står i vejen for foreningen med Gud.

"Although in the beginning he was truly restrained, this rush after his desires and the failure to deny them, gradually blinded and darkened his intellect so that finally the powerful light of God's wisdom was extinguished.",

skriver Johannes om Salomons liv[44]. Det efterfølgende argument lyder således, at når Salomon, som havde fået skænket visdom af Gud, kunne miste visdommen fordi han fulgte sit hjerte, kan andre individer selvfølgelig ikke opnå guddommelig visdom og forening uden at fralægge sig sit hjertes begær[45].

Efter at have lavet en fyldestgørende argumentation for grunden til at kalde rejsen en nat, og for det første skridt på rejsens nødvendighed, giver Johannes en mere konkret vejledning til hvordan individet begiver sig ind på sjælens rejse gennem natten til forening med Gud. Det er et relativt kort stykke, der kun bliver eksplicit foldet ud i kapitel 13. Ikke desto mindre er det et af de mest interessante steder i Book One, da det er her Johannes giver konkret vejledning til den mystiske proces han har teoretiseret i de foregående 12 kapitler. Johannes føler ikke, at dette er stedet at give en grundig indføring i den praktiske side af 'rejsen', men anerkender alligevel, at der er et behov: "Nevertheless, if we do not offer some immediate remedy or counsel for exercising oneself in this night of the appetites, this part would seem very short and of little help."[46] Johannes præsenterer 2 måder at komme ind i 'the dark night of the soul': den aktive og den passive. Den aktive er den vej hvor individet selv handler, for at komme ind i 'natten', mens den passive er der hvor Gud placerer individet i 'natten'. I denne bog er det dog kun den aktive version der behandles, mens han imidlertid lover, at han vil skrive om den passive nat i en 4.

---

[44]Ibid. pp. 197
[45]Ibid.
[46]Ibid. pp. 208

bog, men den når han aldrig at skrive[47]. Johannes ønsker her, at give nogle råd til hvordan man selv opsøger rejsen til forening med Gud. Hvis vi husker på, at Johannes' seldefinerede målgruppe bestod af nonner og munke han selv var overhoved for, bliver det interessant at se hvordan han først og fremmest vil fokusere på hvad individet selv kan gøre. Det er ikke alle der er i stand til at påbegynde denne proces, men han forventer, at nogle af disse munke og nonner kan vejledes til at påbegynde denne sjælelige proces. Johannes' råd er få og ikke særligt grundigt teoretiseret i dette kapitel, da han trækker på det han allerede har skrevet og udskyder nogle forklaringer til senere værker. Men han giver alligevel hvad han selv kalder råd, der er "(...) profitable and efficacious as they are concise"[48]. Første råd kan reduceres til 'imitatio Christi' i alle henseender. Andet råd er et hjælperedskab til at efterleve det første råd: "(...) renounce and remain empty of any sensory satisfaction that is not purely for the honor of God"[49]. Jesu liv bruges her som forbillede da han, ifølge Johannes, efterlevede det doktrin, Johannes præsenterer i dette værk, til fulde. På den måde bliver Jesu forbillede til en skabelon for perfekt livsførelse og Johannes blot en mellemmand, der formidler den rette forståelse af Jesu liv og Bibelens lære. Gennem denne første bog i værket *The Ascent of Mount Carmel*, giver Johannes prøver på sin udførlige argumentation, sine poetiske evner og sine teologiske ideer. Han har skrevet flere andre betydningsfulde værker og breve, hvori han udlægger mere af hans mystiske og teologiske verdensbillede. Hvis man vil forstå hans lære i dybden kræver det et arbejde i langt større omfang end det var muligt i denne sammenhæng, men ikke desto mindre er det blevet muligt at inddrage Johannes af Korset i en diskussion af relationen mellem mystik og vestens esoteriske traditioner.

---

[47]Ibid.
[48]Ibid. pp. 209
[49]Ibid.

Mystik som en del af vestens esoteriske traditioner?

I dette afsnit vil begrebet mystik blive præsenteret og diskuteret, med henblik på at undersøge hvor studiet af mystik skal placeres, og hvilken relation det skal have til studiet af vestens esoteriske traditioner. Denne diskussion er særligt vigtig, da den videnskabsteoretiske tilgang til studiet ofte er undervurderet, og rent faktisk kan spille en helt afgørende rolle. I diskussionen vil Johannes af Korset og hans lære blive inddraget, for at belyse hvordan problemstillingen er relevant i en konkret forskningstilgang. Mystik er et ord med mange konnotationer i det almindelige sprog og mange af disse er negative. Ordet er fx ofte forbundet med hemmeligholdelse, arrogance (i den forstand, at det er forbeholdt nogle bestemte), underlig praksis og fremmedgørelse over for verden. Ordet kan også i hverdagssproget betyde, at noget ikke er foregået efter normale og ordentlige forhold, men snarere er foregået under mærkelige eller bizarre forhold. Tim Rudbøg, lektor ved Institut for Tværkulturelle og Regionale Studier på Københavns Universitet, giver i sin bog *The Academic Study of Western Esotericism: Early Developments and Related Fields* en kort etymologisk forklaring af ordet mystik:

"The word mysticism itself comes from greek muo meaning "to close", probably referring to the lips or the eyes; the original sense was perhaps"one vowed to keep silence", or "one initiated into mysteries"."[50]

Denne viden om ordet kan være med til at underbygge forestillingen, om at der findes en relation mellem mystikken og vestens esoteriske traditioner. Brugen af begrebet 'relation' forudsætter, at der er en demarkation mellem mystik og vestens esoteriske traditioner, men det er ikke sikkert, at den skal være der. Måske er det en kunstig kategorisering, som derfor bør ses efter i sømmene. Når man ser på de strømninger, personer og ideer der i dag forbindes med vestens esoteriske traditioner, er der ofte ligheder eller endda overlap med ditto inden for mystikken.

---

[50]Rudbøg, Tim, The Academic Study of Western Esotericism: Early Developments and Related Fields. Copenhagen: H.E.R.M.E.S. Academic Press, 2013, pp. 122

Fx kan Johannes af Korset nævnes, der som mystiker ønsker at
redegøre for de niveauer mennesket skal gennemgå, for at opnå
forening med det guddommelige. Et træk der også kan tilskrives
flere af de esoteriske traditioner der ønsker at opnå kendskab til
den vej man skal gå for at opnå perfektion i sig selv eller i naturen.
Forskellen ligger i hvilken slags viden (gnosis) de søger at opnå,
henholdsvis metafysisk og kosmologisk gnosis. Johannes af Korset
praktiserede en søgen efter højere viden, og havde en forestilling,
om at denne højere viden var forbeholdt bestemte personer. Måske
er det nok til at kvalificere ham som en del af vestens esoteriske
traditioner. Studiet af mystik har, på samme måde som studiet af
vestens esoteriske traditioner, lidt under neglegering og mange
misforståelser gennem tiden. Feltet for mystik har en rig forsk-
ningshistorie, som ikke vil blive gennemgået i sin helhed her, men
snarere vil blive brugt løbende i diskussionen. De to positioner
der primært vil belyse emnet og blive debatteret er, som ovenfor:
Antoine Faivres position og Arthur Versluis' position. Versluis
taler for en åben og inkluderende tilgang til studiet af vestens eso-
teriske traditioner. Det skinner igennem i meget af hans arbejde
med videnskabsteorien i feltet. For ham er 'gnosis' det centrale i
vestens esoteriske traditioner. Han opstiller som nævnt tidligere
en model med 'kosmologisk gnosis' og 'metafysisk gnosis'. Den
'metafysiske gnosis' er, ifølge Versluis, blevet neglegeret, fordi det
var belejligt og dermed har der været et uforholdsmæssigt stort
fokus på det han kalder 'kosmologisk gnosis'. Hvis Versluis har ret
i sin forståelse må al slags søgen efter gnosis blive undersøgt som
esoteriske traditioner i udgangspunktet. Derefter kan man så lave
demarkationer omkring indhold, historisk kontekst eller geografi.
Det er altså ligegyldigt om det er en mystiker der opnår viden om
det transcendente og guddommelige eller om det er alkymisten,
der søger viden om den kosmologiske verdenssammenhæng. Beg-
ge kan potentielt være en del af vestens esoteriske traditioner[51].
Et andet udgangspunkt har Antoine Faivre, der på mange måder
adskiller vestens esoteriske traditioner fra mystikken selvom han
ikke afviser, at der kan findes en form for kohærens mellem de

---

[51]Versluis 2004, pp. 10

to områder. Med Faivres model over de egenskaber eller komponenter, der skal være tilstede, for at et objekt kan klassificeres som værende en del af vestens esoteriske traditioner, afgrænses området på en måde, der ikke er hensigtsmæssig ud fra et universalistisk synspunkt. Faivre adskiller mystik fra vestens esoteriske traditioner ved at argumentere, for at de esoteriske traditioner forsøger at forklare alle niveauer af kosmos, mens han mener, at den mystiske oplevelse springer direkte fra et uoplyst grundlag til en komplet viden om eller forening med det transcendente[52]. Altså er mystikeren mere interesseret i at opnå en forening med det ultimative, end i at opnå viden om hele kosmos og dets korrespondancer. Men hvis man ser nærmere på hans model vil man opdage, at nogle af de benævnte egenskaber kohærerer med hvad man typisk finder i mystikerens oplevelse. Et godt eksempel er forestillingen om transmutation, at der sker en forandring af ens egen natur eller naturen som helhed. Når Johannes af Korset fralægger sig sine sanser for at opnå forening med Gud foregår der en 'transmutation' af Johannes. Mystiske oplevelser eller traditioner vil ofte indeholde en eller flere af de egenskaber, som Faivre opstiller for vestens esoteriske traditioner, men sjældent dem alle. Hos Johannes af Korset er elementet 'transmission' også i høj grad tilstede, da han etablerer autoritet ved hjælp af de bibelske skrifter og overleverer sin fortolkning til en særlig gruppe, som forklaret i tidligere afsnit. Overleveringen og oplæringen af nye indviede vil ofte være tilstede hos mystikeren eller hos en bevægelse der tager mystikerens lære til sig. Det interessante bliver altså, hvad der skal studeres som værende en del af vestens esoteriske traditioner og hvad der skal studeres som noget andet. For hver gang man inkluderer noget i et studieområde, må man også tage højde for det inkluderedes bidrag til helhedsbilledet af det studerede område. Altså, hvis man inkluderer fx Johannes af Korset, eller Madre Teresa de Jesús eller Ignatius af Loyola, må disse også kunne sige noget om hvad vestens esoteriske traditioner er. Her kommer Versluis' forestilling, om at nogen kan finde på at udelade noget, fordi det er mere belejligt at fastholde de rammer man har opstillet på

---

[52]Rudbøg 2013, pp. 133

forhånd, til sin ret[53]. For hvordan undgår man at ligne essentialis-
terne, der mener at et fænomen kan koges ned til én essens eller
grundsten, hvis man på forhånd vil definere studieområdet og
afgrænse hvilke kilder der kan informere om området fra et emic
perspektiv. Selvfølgelig adskiller Faivre sig åbenlyst fra essentialis-
terne, men hans model kan kritiseres for at skabe en forudindtaget
tilgang til studiet, selvom det ikke har været hensigten. Model-
lens hensigt er givetvis, at forsøge på at konstruere en historisk
kategori, der kan findes i tid og rum og hvis betydning, udvikling
og egenskaber kan studeres som en helhed, fordi der findes en
indholdsmæssig delvis kontekstuel lighed. Wouter Hanegraff åb-
ner, i sin bog *Empirical Method in the Study of Esotericism*, op for en
bredere forståelse af studieområdet vestens esoteriske traditioner.
Han nævner det som en mulighed, at både jødedommen, islam og
kristendommen har haft esoteriske traditioner der på den ene eller
anden måde har influeret hinanden. Problemet er, skriver han,
at hvis man åbner op for et bredere studieområde end Faivres
'vestens esoteriske traditioner' opstår der besvær med at bruge det
rigtige paraplybegreb for feltet[54]. For Hanegraaff bliver det svært
at se om "(...) the term "esotericism" should have preference over
such rivals as "gnosis" or "mysticism"."[55] Selvom Hanegraaffs
historisk-empiriske tilgang til forskningen ligner Antoine Faivres,
opstår der alligevel et interessant skel her. Hanegraaff skriver, om
hans motivation for at definere et område kaldet esotericisme, at
det var for at studere et negligeret område[56]. Hvis kategorien for
dette negligerede område udvides, opstår der selvevident nogle
komplikationer, men der kan også komme noget godt ud af det.
Hanegraaffs første bekymring går på problemet med at skabe kate-
gorier defineret af forskningstraditionen. Han skriver desuden, at
"Traditional distinctions between "gnosticism", "mysticism", and
"esotericism"(...) evidently have weak foundations in reality"[57].

---

[53]Versluis 2004, pp. 10
[54]Hanegraaff, Wouter J, 'Empirical Method in the study of esotericism'. Method
Theory in the Study of Religion, 1995, Vol. 7, pp. 122
[55]Ibid.
[56]Ibid.
[57]Ibid.

Hvis det er en korrekt antagelse, giver det store problemer for den forskning der knytter sig an til et af disse begreber. I hvert fald må man være afklaret med hensyn til, at kategoriseringer kan være en metodisk hjælp, men også en hæmsko hvis man ikke er kritisk i sin brug af disse kategorier. Vil disse forskningsdefinerede kategorier smelte sammen i fremtiden? Har Hanegraaff ret i sin analyse af feltets udvidelse og den naturligt følgende begrebsforvirring? Versluis mener, at mystik og vestens esoteriske traditioner i nogen grad bør amalgamere til ét studieområde, da de begge deler søgen efter 'gnosis', mens Faivre ønsker at fastholde den adskillelse hans model medfører. Blandt fordelene for en mere inkluderende definition af studieområdet kan nævnes, at det bliver sværere at overse relevante kilder, der åbnes op for flere mulige relationer mellem tilsyneladende enkeltstående fænomener og man kan muligvis slippe af med en eurocentrisk tilgang til området. Men der er også risikoer forbundet med at konstruere en mere inkluderende definition. Blandt disse kan nævnes, faren for at blive for komparativ i studiet og derved undlade at se på de enkelte fænomeners særegenskaber og faren for at presse fænomener ind i kategorien selvom det måske bør studeres som teologi eller filosofi eller noget helt tredje. Tim Rudbøg siger om studiet af mystik og af vestens esoteriske traditioner, at selvom de i dag er to forskellige felter, *it is conceivable they will be more closely combined – if not completely integrated – in the future*[58]. Fremtiden er svær at spå om, men noget kan tyde på at Rudbøg får ret, da der uden tvivl forsat vil være en stor videnskabsteoretisk diskussion og problematisering af begrebskonstruktionen inden for forskningen i esotericisme.

Konklusion

Gennem artiklen er relationen mellem studiet i mystik og studiet i esoteriske traditioner blevet belyst og diskuteret, med det formål at blive klogere på den mest hensigtsmæssige tilgang til forskningen af disse to områder. Desuden er Johannes af Korsets lære og hans *Book One* i *The Ascent of Mount Carmel* blevet analyseret, for at

---

[58]Rudbøg 2013, pp. 135

se nærmere på et eksempel, der muligvis kan inkluderes i begge studieområder. *The Ascent of Mount Carmel* kan og bør studeres som mystik, men på baggrund af Arthur Versluis' argumentation, for at gnosis er det centrale element i esoteriske traditioner har denne opgave problematiseret blandt andet Antoine Faivres konstruktion af vestens esoteriske traditioner, fordi den definerer esotericisme som værende et historisk fænomen, begrænset i tid og geografi. Der findes altså gode grunde til at genoverveje konstruktionen Vestens esoteriske traditioner, hvis man vil undgå at ekskludere oversete sammenhænge mellem mystik og de esoteriske traditioner. Denne artikel har vist, at mystikere som Johannes af Korset, kan og bør studeres i relation til både mystik og de esoteriske traditioner, da de potentielt kan lære os noget om begge dele. Artiklen har desuden tydeliggjort, at det er meget vigtigt at gå til et studie på et oplyst grundlag. Man skal ikke bare læse om det studerede emne, men også sætte sig ind i hvordan forskningen på området ser ud, hvilke begrebsproblematikker man skal tage højde for og med hvilken videnskabsteoretisk position man kan få mest muligt viden om det studerede.

Bibliografi

Campbell, Gordon, 'Ignatius Loyola or (Spanish) Ignacio de Loyola', i The Oxford Dictionary of the Renaissance, Red. Campbell, Gordon, Oxford University Press, 2003

Faivre, A., Rhone, Christine. Western Esotericism: A Concise History. Albany: State University of New York Press, 2010

Goodrick-Clarke, Nicholas, The Western Esoteric Traditions, Oxford University Press, 2008

Hanegraaff, Wouter J, 'Empirical Method in the study of esotericism'. Method Theory in the Study of Religion, 1995, Vol. 7

Milem, B. (2016) 'Medieval Christian Mysticism', i Magee, G.A. (ed.) The Cambridge Handbook of Western Mysticism and Esotericism:. Cambridge: Cambridge University Press, pp. 107–117.

Peers, E. Allison, 'An Outline of the Life of St. John of the Cross', 'General Introduction to the Works of St. John of the Cross' og 'Introduction' i The Essential St. John of the Cross, Red.: Peers, E. Allison, Start Publishing LLC, 2012

Rudbøg, Tim, The Academic Study of Western Esotericism: Early Developments and Related Fields. Copenhagen: H.E.R.M.E.S. Academic Press, 2013

St. John of the cross, The ascent of mount Carmel: Book one (Stanza, Prologue og Book one) i Kavanaugh, Kieran Rodriguez, Otilio The collected works of St. John of the Cross, ICS Publications, Washington DC, 1991

Versluis, Arthur, 'What is Esoteric? Method in the Study of Western Esotericism'.Esoterica, IV, 2004

Vestens esoteriske traditioner og panpsykisme

Ida Skovhus Hansen

Introduktion

Hvorfor er mennesket bevidst? Hvordan er denne bevidsthed manifesteret, og kan den udvides? Disse og mange lignende spørgsmål har filosoffer, esoterikere og religiøse overhoveder stillet og givet forskellige svar på i århundrede. Bevidsthed og ikke mindst bevidsthedstransformationer har til alle tider været en afgørende komponent i esoteriske traditioner over hele verden, ofte har netop dette udgjort kernen i en esoterisk tradition. Dette ses ikke mindst på Antoine Faivres definition af esoteriske traditioner, som værende traditioner der kunne tilslutte sig en eller flere punkter på følgende liste: korrespondancer, levende natur, mediationer og det imaginative, transmutation, concordance og transmission. Også Versluis ligger vægt på netop transmutation af bevidstheden i sin kategorisering af esoteriske traditioner, og angiver netop denne effekt som central. Spejlet i idéen om panpsykisme finder vi en besjælet natur og ikke mindst en verdenssjæl – to koncepter, som ofte findes i esoteriske traditioner. For mange var netop denne lære svaret på Prisca Theologia.

Jeg vil i denne artikel undersøge hvilken form for bevidsthedsteori der ses i henholdsvis Platons Timaios, Giordano Brunos Cause, Principle and Unity og i H.P. Blavatskys The Secret Doctrine for at analysere argumentationen i hver tekst og sammenholde denne med moderne forsvar for bevidsthedsteorien panpsykisme, for til sidst at vurdere om de forskellige doktriner, jeg vil undersøge, kan siges at være ens. Platons Timaios er her valgt da jeg mener at Platon er en af de mest centrale filosoffer og esoteriske figurer i antikken, på samme måde er Bruno valgt, idet hans værker kan ses som en sammensmeltning af flere forskellige centrale renæssance ideér. Blavatsky's værk skal i artikelenn ses som en repræsentation for de esoteriske traditioner i nyere tid, og udgør en central esoterisk figur i det 19. århundrede. Jeg vil i denne forbindelse benytte mig af filosofisk analyse af argumenterne i mine kilder og hos henholdsvis Thomas Nagel og David Chalmers. Disse to samtidsfilosoffer er valgt, da det har været muligt at forkorte deres argumenter, uden at tabe betydning, og jeg har derfor været i stand til at sammenligne mine kilders argumentation og finde forskelle og ligheder. Ud over filosofisk analyse, har jeg i min artikel anvendt diskursanalyse af specielt Blavatsky' The Secret Doctrine, med udgangspunkt i Wouter Hanegraaff og Kocku von Stuckrad.

Panpsykisme

Betegnelsen panpsykisme dækker over en grundlæggende idé, der blandt andre beskrives af Nagel som: "By panpsychism I mean the view that the basic physical constituents of the universe have mental properties, whether or not they are parts of living organisms."[1], dog har denne tese mange forskellige historiske og nutidige fortolkninger, mest tydeligt overførbart til den esoteriske verden, er begrebet om en besjælet natur. William Seager definere panpsykisme som en antagelse om, at det mentale er ontologisk fundamentalt og allestedsværende[2], med dette mener han at alle aspekter af konkret virkelighed tager del i det mentale, eller har et mentalt aspekt. Betegnelsen er altså enormt bred, og kan også tilskrives folk som tror at de mentale egenskaber kan reduceres til fysiske, fx ville nogen også kalde egenskabs dualisme for panpsykisme[3]. I dette afsnit vil jeg lave en analyse af Thomas Nagels og David Chalmers filosofiske filsofiske argumenter for panpsykisme, og finde de centrale elementer i disse argumenter.

[1]Nagel 2012b:181
[2]Seager 2015
[3]Skrbina 2016

Nagels og Chalmers' forsvar for panpsykisme er karakteriseret ved, at de fremsætter argumenter imod forskellige andre bevidsthedsteorier, for på baggrund af dette og en række præmisser, afvisningen af disse teorier leder til, at nå frem til at teorien om panpsykisme er den mindst usandsynlige teori af de nuværende teorier.

Det første argument både Nagel og Chalmers fremfører er mod en materiel komposition, med materiel komposition menes, at verden er materialistisk, og ingen konstituenter ud over de fysiske vil være nødvendige for at skabe bevidsthed. Mange fortalere for denne position tror på at neurologien i fremtiden vil kunne forklare bevidstheden. Nagels indvending mod materialisme bygger på at naturen af fysiske hjerneprocesser, kan forstås objektivt, og implicerer aldrig noget subjektivt[4]. Chalmers' argument mod materialisme bygger derimod på Descartes' oprindelige argument mod materialisme; hvis det mentale kan udledes fra det fysiske, må de to være identiske i alle mulige verdener, dette er en metafysisk nødvendighed hvis det mentale skal kunne reduceres til det fysiske og omvendt. Accepterer vi dette betyder det at så snart vi kan forestille os en verden hvor det fysiske er identisk med vores, men som adskiller sig mentalt fra vores, har vi modbevist materialisme[5]. Kravet til at vi kan forestille os en sådan verden består i, at det ikke er udelukket a priori.

David Chalmers forsætter herefter med et argument mod dualisme, idet han håber på at en afvisning af både materialisme og dualisme vil føre til panpsykisme. Chalmers afviser dualisme med argumentet om fænomenale egenskaber er kausalt relevante i forhold til fysiske begivenheder og at fysiske begivenheder kan beskrives fuldt ved en fysisk analyse alene, hvilket altså må betyde at de fænomenale egenskaber også beskrives af de fysiske, accepterer man dette følger det, at dualisme er forkert[6]. Nu laver Chalmers en syntese mellem disse to synspunkter, en syntese der er en panpsykisme konstrueret ud fra Russells monisme, og som

---

[4]Den samme pointe uddyber Nagel i artiklen "What is It Like to Be a Bat?" 1974
[5]Chalmers 2016:23
[6]Chalmers 2016:25

altså undgår begge disse argumenters vægt fordi den hverken er materialistisk eller dualistisk.

Nagels fremgangsmåde er en smule anderledes, han fremsætter præmissen om nonreduktionisme – mental states opstår ikke ud fra fysiske egenskaber alene, en præmis som følger af afvisningen af materialisme. Nagel antager nu realisme, han antager altså, at vi kan tilskrive egenskaber til en organisme, siden vi antager, at der ikke er nogen sjæl i den klassiske forstand, og at der ikke ikke er nogen egenskaber overhovedet. Den sidste antagelse Nagel gør sig, afviser tesen om emergentism; antagelsen at der kan opstå nye fænomener på baggrund af komplekse strukturer inden for et lukket system, som fx bevidsthed, dette syn implicerer materialisme. Dette gør han ved at antage et bestemt syn på kausalitet, nemlig at der ikke findes nogle egenskaber som opstår hen af vejen i et komplekst system. Alle egenskaber der hører til et komplekst system og ikke er relationer mellem systemet og noget andet, kan reduceres til egenskaberne ved konstituenterne, og deres effekt på hinanden i den givne kombination. Hvis en egenskaben synes at opstå i et system, som ikke umiddelbart kan forklares ud fra den nuværende viden om systems funktion, skyldes dette at vores nuværende viden om grundkonstituenterne og/eller disses egenskaber ikke er fuldkommen. Dette implicerer et syn på kausalitet, som antager at der findes ægte årsager og disse at nødvendigvis må føre til visse bestemte følger. Altså må konstituenterne have ikke-fysiske egenskaber, som udmønter sig i forskellige mentale fænomener, når disse konstituenter kombineres på den rigtige måde. Siden al materie kan danne en organisme, må al materie indeholde disse ikke-fysiske egenskaber. På samme måde omvendt: da al materie kan danne organismer med forskellige mentale egenskaber, må konstituenterne også indeholde egenskaber der kan udmønte sig som forskellige mentale fænomener når konstituenterne kombineres på forskellige måder. Der må altså findes en form for mental kemi, idet strukturen af konstituenterne har betydning for lige præcis dét mentale fænomen der udfolder sig. Dette implicerer også, at der kan findes mange forskellige niveauer af bevidsthed, og at fænomener der følger af den differentierede grad af bevidsthed ikke nødvendigvis ligner hinanden. Derfor differentierer man også imellem bevidsthed i sig selv og så op-levelser. De fleste moderne panpsykister tilslutter sig ideen om, at der er en måde hvorpå det føles at være fx en kvark, foton eller en anden elementarpartikel[7]. Ligeledes er mange moderne tilhængere af synspunktet ofte tilhængere af panprotopsykisme, der beskrives af David Chalmers som elementarpartikler der inde-holder en form for protobevidsthed, der i et sammensat system eller nogle bestemte strukturer kan danne bevidsthed[8]. Vi kan dog spørge os selv om panpsykisme kan forklare bevidstheden som enhed, eller om bevidstheden er splittet i teorien, og om hvordan vi forklarer en samlet bevidsthed hvis alle elementarpartikler er bevidste?

Hvad får os til at kategorisere noget som en fysisk størrelse? Eftersom man i fysikken hele tiden finder nye partikler, bosoner osv. kan vi ikke definere fysik ud fra det vi allerede kender, derfor må vi bruge en bredere definition: "New Properties are counted as physical if they are discovered by explainatory inference from those already in the class"[9]. Altså kan alle fysiske fænomener som gravitation, kvantemekanik, kræfter osv. forklares af andet fysik.

Visse former for panpsykisme postulerer, at vi ved at kigge på et andet aspekt af materie kan komme frem til det mentale. Man anser materie for at have flere grundlæggende egenskaber, end fysikken tilskriver elementarpartiklerne. Man kunne nu spør-ge sig selv, hvorfor fysikere så ikke har undersøgt det mentale og postuleret en teori om det mentale som hænger tæt sammen med partikelfysikken eller kvantemekanikken. Til dette svarer Na-gel, at naturvidenskaben som grundpræmis antaget et objektivt sprog. Det der gør naturvidenskaben til en objektiv videnskab, er simpelthen at den udelader det subjektive perspektiv. Det sub-jektive er dog nøjagtig hvad bevidstheden er konstitueret af, og dermed vil ingen fysisk teori inkludere observatørens mentale tilstand i en analyse. Altså må vi undersøge bevidstheden fra en ikke-naturvidenskabelig vinkel.

---

[7]Chalmers 2016:19
[8]Chalmers 2016:20
[9]Nagel 2012b:183

Det er ligeledes på grund af induktion i naturvidenskaben, at vi kan sige, at der ikke kan udledes mentale egenskaber på baggrund af den fysik vi kender nu. Konsekvensen af induktion bliver nemlig, at de fundamentale mentale egenskaber ikke kan være fysiske, da disse netop, fordi de er mentale, skal udledes af andre mentale egenskaber. Hvis dette ikke er tilfældet, bør vi også kunne forklare det fysiske udelukkende på baggrund af det mentale. Der er simpelthen ingen grund til, at der er brug for bevidsthed i fysikken, da alle fænomener kan forklares ud fra andet fysik alene, en konklusion nogen mener kan føre til epifænomenalisme, synet hvor det mentale ikke kan have nogen indvirkning i den fysiske verden. Panpsykisme kan altså støtte op om en dualisme, som antager, at det fysiske og det mentale er to vidt forskellige fænomener, dette synspunkt har dog en forklaringsbrist når det kommer til sammenhængen mellem det mentale og det fysiske. Der findes dog en tredje mulighed, en monisme der antager, at egenskaberne fra det fysiske og det mentale viser tilbage til en og samme ting, dvs. at det mentale og det fysiske bliver forskellige fænomener, som dog stammer fra samme grundlæggende ontologiske udgangspunkt. Antager vi dette må vi gå ud fra at materie besidder egenskaber som ikke kan karakteriseres som fysiske, ud fra den definition af det fysiske der er givet ovenfor. En sådan sammensmeltning af det fysiske og det mentale vil automatisk give os en forklaring på hvordan de to har indvirkning på hinanden, og vi slipper dermed for epifænomenalisme. For at forklare en sådan samlet ontologi, vil de fleste monister gøre op med idéen om vores metafysik, som havende en objekt/egenskab opdeling[10]. Et sådant synspunkt tilskrives blandt andre Bertrand Russell, der beskriver den neutrale monisme som tanken om at både det mentale og det fysiske synes sammensatte og disse begge stammer fra et form for tidligere neutralt fænomen, ud fra hvilket begge udmønter sig[11].

Med Alfred Whitehead opstår der en helt ny form for panpsykisme, en procesfilosofi, hvor enheden mellem det fysiske og det mentale manifesteres i begivenheder, der skaber selve omverdenen. Enhver begivenhed bliver dermed bipolar, dvs. på en gang mental

[10]Seager 2015
[11]Russell 1921: 11

og fysisk.

Panpsykisme kan altså findes som mange varianter, især nyere teorier indenfor analytisk filosofi har fokuseret på en mere naturvidenskabelig tilgang til bevidstheden, en tilgang som ofte inkludere beskrivelser af enten den evolutionære fremkomst og kvantemekanikkens indblanding. I moderne teorier fokuseres der ofte på den intrinsiske natur af bevidstheden i fx elementarpartikler eller bølgefunktionens kollaps, og fysiske processer. Mange nyere teorier omhandlende panpsykisme er ofte karakteriseret af en forståelse af bevidsthed som en proces.

I esoteriske traditioner er der ofte fokus på naturen som levende væsen og den panpsykistiske ide, menes at være en af hovedårsagerne til filosofiens fødsel, da den er central i de allertidligste filosofiske skrifter vi har bl.a. fra Thales, Heraklit og Anaxagoras. Da Empedocles inddeler naturen i fire grundsubstanser, jord, vand, ild og luft, er disse elementer i sig selv besjælede, samtidig er sjælen opbygget af netop disse fire elementer[12].

Naturen antager en moderrolle, og associeres med fænomener som fødsel, død og transformation, naturen gøres med andre ord dynamisk[13] og levende. Dette tydeliggøres også med Pythagoras' indførelse af idealiserede matematiske former i naturen der var en indførelse af det guddommelige i naturen. Bl.a. ud fra Pythagoras' indførelse af netop de idealiserede matematiske former i naturen tilskrev Cicero Pythagoras en panspirituel tro. Cicero ser Pythagoras som en, der udfylder verden med guddommelige forme, på samme måde, som Platon gør det ved hjælp af hans ideverden. Hos Demokrit og hans atomteori, finder vi, at der blandt de ufølsomme atomer i Demokrits verden er plads til det sfæriske atom, der ifølge ham selv, besidder egenskaber i form af følsomhed og sjæl. Disse sfæriske atomer er hos Demokrit selve grunden til at der findes bevægelse og på denne måde er visse dele af naturen i sig selv besjælet. Hos Lucretius, som bl.a. viderefører den atomistiske filosofi, ser vi atomet som udtryk for fri vilje,

---

[12]Skrbina 2016
[13]Irwin 2010:27

altså varetager atomer en del af det mentale liv. Hos stoikerne
ser vi besjæling af naturen fra en mere logisk orienteret vinkel,
her er logik en intrinsisk komponent af naturen i form af logoi
spermatikoi som udgør frø for den universale rationalitet. Disse
frø kommer til udtryk i pneuma, et udtryk som allerede anvendes
af Anaximenes. Pneuma udgør det aktive princip, sjælen, og giver
både samhørighed, liv og bevidsthed til passive elementer såvel
som til alt liv. Solen bliver hos stoikerne og senere også for nogle
hermetikere hovedsædet for bevidsthed. Hos muslimske esoterike-
re ses panpsykisme udtrykt som eksplicit idé især ved de persiske
sufi og Al-Suhrawardi[14]. Ikke mindst ses denne ide hos Platon,
Plotin, neoplatonikerne, gnostikerne og stoikerne. Panpsykisme er
altså tydelig central i esoteriske traditioner og filosofi i antikken.
Versluis argumenterer således for, at ikke alene er transmutation
af bevidstheden central i esoteriske traditioner, det udgør selve
målet med esoteriske tekster[15]. Med nyplatonikerne fortsætter den
panpsykistiske tradition, i 529 AD lukkede man det neoplatoniske
akademi, en dato som ofte er angivet som enden på antikken og
begyndelsen på middelalderen. Herefter var platonisme og ne-
oplatonisme ikke længere prominente skoler inden for filosofien.
Ofte tilskrives de næste århundredes mangel på panpsykistiske
idéer indtoget af de monoteistiske religioner og disses modstand
mod Thales oprindelige panpsykistiske idé om tilstedeværelsen af
sjæl/guder i alt[16].

I middelalderen hersker kristendommen og den aristoteliske
arv med den skolastiske skole, der på trods af Aristoteles' ud-
talelse om at der findes et sjælelignende princip, pneuma, i alt,
ikke antager idéen om panpsykisme. Vi finder først platonisme og
neoplatonisme igen med renæssancens oversættelse af Platon og
Corpus Hermeticum. I renæssancen kommer de dominerende eso-
teriske strømninger til at handle om en tilbagevenden til tidligere
tiders filosofi[17], dette er især tydeligt med prisca theologia. Prisca
theologia ses i renæssancen som en oldgammel visdomstradition,

[14]Irwin 2010:32
[15]Versluis 2000:22
[16]Skrbina 2016
[17]Versluis 2004:67

hvor flere forskellige karakterer som, Moses, Hermes Trismegistus, Platon og mange andre, har taget del i. Prisca theologia findes i én ægte form, men er ifølge samtiden, blevet overleveret forskelligt af de forskellige budbringere, da disse har skullet formidle budskabet bedst til den befolkningsgruppe de har været en del af. Blandt andre har Patrizi og Ficcino formidlet ud fra netop disse samtidige antagelser, og havde selv et mål om at genoplive kristendommen gennem en inddragelse af især Platon og hermeticisme. Vi ser således også en renæssance for panpsykisme i denne periode og i hvert fald fem af de mest prominente intellektuelle var på dette tidspunkt panpsykister: Bruno, Patrizi, Cardano, Telesio og Campanella. Heraf tilskriver Campanella direkte den panpsykistiske tanke til okkult filosofi[18]. Her bliver hele universet i sandhed billedet på en bevidst gud, der gennemstrømmer alt. Ordet panpsykisme introduceres i den vestlige verden af Patrizi, der ikke selv ser det som hans egen opfindelse, men som en proposition der er ligger intrinsisk i prisca theologia[19]. Patrizi argumentere for at panpsykisme oprindeligt er udledt af ideen om en besjælet natur, en ide der også ofte forbindes med naturreligioner[20]. Ofte har bevidsthed historisk været set som en komponent af kosmologien, idet teologi og skabelsesberetninger ofte inddrages i forklaringen af bevidstheden, og ofte tildeles verdenssjælen den højeste bevidsthed. Netop her indtræder en af de mest fremtrædende idéer i renæssancen; idéen om et korresponderende mikro- og makrokosmos, hvad vi ser på stor skala spejler sig på den mindste skala, lighed og korrespondancer får derfor en fremtrædende rolle. Med denne idé kunne mennesket spejle sig i både det største og det mindste i universet. Den panpsykistiske idé i renæssancen har også betydning for den moderne videnskab; en besjæling af universet og alt i dette, betyder at rationalitet er til stede over alt, og naturen derfor må kunne undersøges, så man kan finde netop disse rationelle principper, der siden bliver anskuet som naturlove. Siden Francis Yates' værk om renæssancen som en foreløber for moderne videnskab, har der været opmærksomhed omkring hvor-

---

[18]Skrbina 2016
[19]Irwin 2010:28
[20]Versluis 2000:20

dan mennesket i renæssancen sættes lig med et skabende væsen, som lærer mere om Gud ved at udforske naturen og som bliver mere lig Gud ved selv at skabe.

Efter renæssancen ser vi bl.a. den panpsykistiske idé i alkymien hvor ægteskabet mellem natur og det guddommelige eller sjælen, og en sammenføjning af det fysiske liv og bevidsthed på ethvert niveau, symboliserer sig i alkemiske opus[21]. Ifølge Versluis er alkymien som disciplin bygget på at transmutere jeget og det andet og ikke mindst at undersøge korrespondancer mellem disse eller at fjerne afstanden mellem dem[22].

I filosofien dukker panpsykisme op hos bl.a. Spinoza og er især prominent hos Leibniz med hans monader. I 1700-tallet gør Denis Diderot op med idéen om en sjæl som vi kender den og opfinder vitalistisk materialisme, hvor man går ud fra at der findes et bevidsthedslignende princip i alt[23]. Kort efter udgiver Schopenhauer Verden som vilje og forestilling, hvor han sammenføjer idealisme med panpsykisme, idet han tildeler vilje til alt, som grundkonstituent. Den idealistiske tradition har siden kunnet siges at anvende panpsykisme som en standard teori.

På denne måde bliver panpsykisme en generelt udbredt teori i både analytisk og kontinental filosofi, og er i dag igen vidt udbredt. I den esoteriske traditioner, har den panpsykistiske ide dog ikke på samme måde gået af mode, den besjælede natur og flere eksplicitte panpsykister finder vi i blandt andre Cornelius Agrippa, Paracelsus, Nicholas de Cusa og mange andre, som i højere grad bygger deres esoteriske verdensbilleder på filosofiske teorier. På samme måde finder vi også idéen om monader hos det teosofiske selskab. Også i mange nyere traditioner som hos den danske Martinus og i mange New Age religioner finder vi panpsykistiske idéer, dette sker især med indtoget af hedenske og hekse religioner.

---

[21]Irwin 2010:39
[22]Versluis 2000:22
[23]Skrbina 2016

Panpsykisme i esoteriske værker

I denne del af artiklen vil jeg lave en analyse af argumenterne for panpsykisme hos henholdsvis Platon, Bruno og Blavatsky. For at gøre dette, vil jeg holde disse forfatteres argumenter op mod de to moderne argumenter for panpsykisme jeg lige har analyseret, for at finde ligheder og forskelle.

Timaios

Timaios starter in medias res i en diskussion mellem Sokrates, Timaios, Hermokrates og Kritias. I den indledende samtale i Timaios forklares sammenhængen mellem gårsdagens samtale om den perfekte stat[24] og fortsættelsen af denne samtale, med spørgsmålet om hvordan en sådan bystat ville agere i en krig. For at kunne forklare hvordan én sådan bystat vil agere må vi kigge på en sammenligning. Her byder Timaios ind med historien om, hvad han betegner som antikkens Athens sejr over bystaten Atlantis. Disse mennesker, som fandtes før, hvad Timaios betegner som den seneste syndflod fandt sted, var skabt og opdraget af guderne og måtte derfor være de perfekte mennesker[25]. For at kunne beskrive dette perfekte menneske og bystaten i krig til fulde, må Timaios forklare om tilblivelsen og ontologien i verdenen. Timaios starter med at dele verden op i to domæner, en om tilblivelse og en om væren:

"Hvad er det, der altid er og ikke bliver til, og hvad er det, som altid bliver til, men aldrig på nogen måde er? Det ene forstås af fornuften i forbindelse med en redegørelse, og det er altid det samme, mens det andet, som bliver til og ophører med at være, men aldrig rigtig er, er genstand for mening i forbindelse med irrationel sansning. Desuden bliver alt, hvad der bliver til, nødvendigvis til af en årsag, for det er umuligt for noget at blive til uden årsag."[26].

Timaios' fremgangsmåde er karakteriseret ved at lede efter grundkomponenter i universet, han starter her med at opdele i

---

[24]Platon, "Staten"

[25]Platon 2013:24d

[26]Platon 2013:27-28 d

ting der kan skabes og væren i sig selv. Han kommer herefter frem til at alting må have en årsag. Altså har vi at gøre med en ide om kausalitet, som minder om den vi ser hos Nagel[27], da han argumenterer imod, det man, fejlagtigt ifølge Nagel, kalder en humeniansk analyse af kausalitet. Dvs. at Timaios taler for en forståelse af kausalitet som antager, at der findes noget der hedder sand kausalitet, at sande årsager virkelig nødvendiggør deres følger. Allerede her kan vi altså konkludere, at Timaios har udelukket positionen der kaldes strong emergence; at nye fænomener opstår på baggrund af lukkede komplekse systemer og dermed må grundkomponenterne og disses egenskaber kunne beskrive bevidsthed også.

Efter at have opdelt verden i tilblivelse og væren slår Timaios fast, at hver gang en håndværker[28] designer et materiel ud fra et evigt og uforanderligt billede vil det blive et godt produkt, når håndværkeren derimod designer ud fra noget der er blevet til, vil resultatet blive dårligt. Her er Timaios tydeligt meget påvirket af Platons ideverden, hvor de evigt og uforanderlige genstande er hvad alt andet i verden blot udgør et dårligt billede af. Derfor bliver det afgørende nu om universet er evigt eller om det har en tilblivelse. Timaios fastslår, at universet i sig selv har en tilblivelse og dermed må være skabt, som en efterligning af den ægte væren. Da alt hvad der er blevet til, ifølge Timaios må have en årsag, må universets årsag være gud, men når universet kan sanses, må det kunne forklares rationelt, som et billede på fx mere fuldkomne billeder – fx matematik. Timaios lægger dog også, lige som Nagel, op til at den forklaring vi får vil være den bedste, hvis det er den mindst usandsynlige og mener bl.a.: "... ligesom væren forholder sig til tilblivelse, sådan forholder sandheden sig til troværdighed."[29], Timaios mener, at vi som mennesker har begrænsninger på vores viden, og vi må derfor stille os tilfreds med den mindst

---

[27]Nagel 2012b:186

[28]Håndværker, dækker over det græske ord demiourgos, der af Platon ofte beskrives som universets skabere, men også dækker over praktiske fag, som medicin, og den moderne betydning af ordet håndværker. Platon, note "Timaios", s. 558

[29]Platon 2013:29 c

dårlige forklaring. Timaios forklarer herefter grunden til at vi har en verdenssjæl; gud er god, og ifølge Timaios skaber den gode altid det bedste, derfor:

"Guds overvejelser førte ham derfor også til den konklusion, at blandt alle de produkter, der er synlige fra naturen hånd, er der aldrig noget uden intelligens, der er smukkere end noget med intelligens, hvis vi sammenligner de to i deres helhed. Han konkluderede yderligere, at det var umuligt for noget at erhverve intelligens uden også at have en sjæl. På den baggrund formede han universet ved at lægge intelligens ind i en sjæl og sjælen i en krop."[30]

Dermed bliver naturen og hele universet i sig selv udstyret med en sjæl. Panpsykisme opstår hos Timaios, som en konsekvens af en æstetisk betragtning. Eftersom universet er skabt som billede på ideverden og af den evige gud, må alt i universet afspejle dette og tilstedeværelsen af intelligens er derfor central. Intelligens kræver ifølge Timaios tilstedeværelsen af en sjæl, det vil sige, at Timaios udelukker emergence, idet teorien bygger på antagelsen om at der kan opstå nye fænomener, som bevidsthed, ud af komplekse systemer.

Timaios benævner universet som, "... i sandhed et levende væsen udstyret med sjæl og intelligens."[31], her er betegnelsen levende væsen en oversættelse af det oldgræske ord, zoon, der også kan oversættes som dyr, dog bruger Timaios senere betegnelsen zoa om planter, da de også lever, hvilket betegnes med ordet zen, og alt hvad der lever ifølge Timaios har ret til at blive kaldt et levende væsen, altså et zoon[32]. Timaios bruger altså betegnelsen levende væsen for at skille det som begreb fra dyr og planter, universet, lever i sig selv, er noget ud over dyrene og planterne i sig selv.

Da vi ifølge Timaios ved at universet er skabt efter et forbillede, hvad består dette forbillede så i? Ifølge Timaios ligner verden det som, som alle andre væsener og arter er dele af[33]. Dermed

---

[30] Platon 2013:30a-b
[31] Platon 2013: 30 c
[32] Platon, "Timaios", s. 561 note 1
[33] Platon 2013:30 d

omfatter universet som levende væsen alle andre levende væsener
der ligner det selv, dvs. alle bevidste væsener og eftersom alt er
en del af universet, må alt være bevidst.

Selve verdenssjælens og dermed også alle andre sjæles op-
rindelse beskrives som en sammensætning, der udgør en tredje
substans. Sjælen bliver dermed sammensat af væren, forskel og
samme/identitet[34]. Sjælen bevæger sig ud over dette rundt i cirk-
ler, som er matematisk udregnede i forhold til himmellegemerne.
Dette er en forklaring på sjælens oprindelse, der kan lede os ind
på en monistisk tankegang, dog må vi huske, at Timaios ser uni-
versets krop som udelukkende væren og sjælen som sammensat
af væren, identitet og forskel, en ide der er mere dualistisk anlagt:

$$\left.\begin{array}{l}\text{Udelelig væren} \\ \text{Delelig væren}\end{array}\right\}\text{Mellemliggende væren}$$

$$\left.\begin{array}{l}\text{Udelelig samme} \\ \text{Delelig samme}\end{array}\right\}\text{Mellemliggende samme}\ \Big\}\ \text{Sjæl}$$

$$\left.\begin{array}{l}\text{Udelelig forskel} \\ \text{Delelig forskel}\end{array}\right\}\text{Mellemliggende forskel}$$

Universets sjæl og krop mødes ifølge Timaios i et fælles mate-
matisk beregnet midtpunkt, og hvor disse mødes, dannes viden og
sande meninger. Sjælen i det enkelte menneske forsøger at bevæge
sig i de samme cirkler, som universets sjæl, dog lykkedes det ofte
ikke, og det er kun, hvis vi er givet den korrekte opdragelse[35], at
vi kan opnå harmoni i sjælen igen.

Platons argument mod emergence er, som Nagels, baseret på
et syn på kausalitet, der indbefatter at der findes ægte årsager og
følger af disse. Dog er Platons argument for panpsykisme radikalt
anderledes end Nagels, idet det hovedsaglig er æstetisk og der
argumenteres for at vores verden er bygget som billede på en evig
og fuldkommen verden i ideverden. Dermed skiller Platon sig

---

[34]Platon 2013:35a-b

[35]Timaios referer her til en mysteriekult, der skulle sikre et lykkeligt liv efter
døden. Dette antydes også at ordet "ufuldendt" der også kan oversættes som
"uindviet", som Timaios anvender om den der ikke har harmoni i sjælen. Platon,
note "Timaios", s. 576

også ud fra mange andre antikke fortalere for panpsykisme, da de fleste af disse argumenterer ud fra et gudsbevis og ideen om en gud der er til stede over alt.

Giordano Bruno

Giordano Bruno kommer til verden i et århundrede som er midt i en kulturel genfødsel; renæssancen. Dette er en verden der er midt i en historisk opbrydningsperiode, en periode, hvor man gennem-går en kulturel genfødsel af antikke skrifter og især gennem disse findes inspiration til ny viden. Specielt fremhæves renæssancen af Frances A. Yates, som perioden, hvor den spæde fødsel af den naturvidenskabelige metode påbegyndes. Her finder vi for først gang argumentation for at undersøge naturen omkring os og ikke mindst at bearbejde denne på baggrund af menneskets ønsker. Med oversættelsen af især Platon og Corpus Hermeticum opstår ideen om mennesket som skabende væsen og om menneskets ud-forskning og bearbejdelse af naturen. Der er diskussion om hvor stor en indflydelse hermeticisme og renæssancens opdagelse af de hermetiske tekster, har haft på starten af den moderne videnskab, og især fremsættelsen af det heliocentriske verdensbillede. Efter Frances A. Yates' analyse af Bruno og hermeticisme, er der i høj grad blevet sat mere fokus på renæssancens rolle i fremkomsten af de moderne videnskaber.

Bruno foreslår på samme måde som Platon, at alt må have en årsag eller selv være et princip, dvs. fx sjæl og materie:
"Dicsono. You say then, Teofilo, that everything which is not a first principle and a first cause, has a principle and a cause?
Teofilo. Without the slightest doubt or dispute."[36]
Dermed har Bruno på samme måde som både Nagel og Platon afskrevet strong emergence. Vi finder en opfattelse hos Bruno af kausalitet, som tilskriver ægte årsager som nødvendige for deres følger.

Bruno introducerer verdenssjælen ved at forklare, hvad en årsag og et princip er, da han når til årsager beskriver han ver-denssjælen som:

---

[36]Bruno 1584:33

"Teofilo. The order of your proposition pleases me very much. As for the efficient cause, I say that the universal physical efficient cause is the universal intellect, which is the first and principal faculty of the world soul, which, in turn, is the universal form of it."[37]

Dermed bliver intellektet helt centralt for verdenssjælen og et princip i denne. Intellektet er universelt og er den primære egenskab, eller det primære potentiale, ved verdenssjælen, som det også ses hos Platon. Intellektet styrer naturen i sig selv og imprægnerer materie med form, det arbejder altså intrinsisk på materie[38]. Samtidig forbliver intellektet i sig selv uforstyrret og immobil. Bruno henviser i sin forklaring af verdenssjælen også til hermeticismen:

"The hermeticists say that it is 'most fecund in seeds' or yet that it is the 'seed sower', because it impregnates matter with all forms..."[39]

Her henviser Bruno til hermeticismen, hvor vi finder panpsykistiske ideer flere steder, bl.a. i Corpus Hermeticum bog 10 fra General Discourses hvor Hermes siger: "all souls that wander... as if seperate, are from a single soul, the soul of all" og i bog 11 forklarer Nous følgende til Hermes: "Inwardly, a soul full of mind and god fills the universe and brings it to life. Outwardly, the universe is this great and perfect living thing, the cosmos; inwardly, it is all living things."[40]. Alt dette sættes i renæssancen især i forbindelse med solen og det heliocentriske verdensbillede, hvor solen nogle gange ses som en manifestation af en Gud eller en form for verdenssjæl i sig selv[41]. Bruno kommenterer da også flere gange på Korpernikus' nye matematiske verdensbillede med solen i centrum, men mener ikke at Kopernikus forstår konsekvenserne af sin egen teori; at solen er den synlige Gud og at solens og jordens bevægelser bekræfter deres status som levende væsener

---

[37]Bruno 1584:37
[38]Bruno 1584:39
[39]Bruno 1584:38
[40]Versluis 2004:34
[41]Yates 1964:238

med sjæl[42]. Bruno mener, at den kristne tro har undertrykt ægte ægyptisk og græsk viden i flere århundrede, og snakker om en gnostisk viden, en viden Bruno mener han selv har modtaget. Dermed er han selv i stand til at lede som en profet, da han selv har modtaget guddommelig viden og hævet sig, op gennem de forskellige sfærer af viden[43].

Herefter forklarer Bruno hvordan verdenssjælen og universets krop, dvs. materien, er sammenføjet:

"Teofilo. It joins itself to it in such a way that the nature of the body, which is not beautiful in itself, comes to participate as far as it can in beauty, for there is no beauty which does not consist of some species or form, and there is no form that is not produced by the soul.

Dicsono. I seem to be hearing something very novel. Are you claiming, perhaps, that not only the form of the universe, but also all the forms of natural things are souls?

Teofilo. Yes

Dicsono. But who will agree with you there?

Teofilo. But who could resonably refute it?"[44]

Bruno introducerer tanken om en levende natur, og fastlægger herefter, at de enkelte dele, og ikke mindst de livløse bestanddele, i universet må besidde sjæl, da resten af universet er konstitueret af netop disse komponenter og de samme principper må gælde i hele universet. Brunos udgave af panpsykisme minder os om moderne ontologiske teorier omhandlende panpsykisme, idet det baserer sig på princippet om at et systems funktioner må være givet på baggrund af dets komponenter. Bruno indfører derfor en mindste byggesten, som alt i universet er opbygget af og udgør alt i universet inklusiv sjæl. Selv denne mindste enhed besidder for Bruno en sjæl og er i stand til at være i live, eller at holde et livsprincip. For at fremhæve dette, bruger Bruno en nekromantiker som eksempel. Bruno kritiserer i denne forbindelse også tidligere filosoffer for at have givet en for snæver definition af liv, og at det skyldes denne definition af liv, at vi ikke betragter de mindste

---

[42] Yates 1964:244
[43] Yates 1964:239
[44] Bruno 1584:42

bestanddele af universet som levende[45]. Dog medgiver han, at hans egen teori om panpsykisme ligger tæt op af Anaxagoras'. Brunos sjæl er heller ikke personlig, men forudsætter derimod at de enkelte dele kan indgå i nye former, derfor bliver alt i universet blot nye realisationer af den oprindelige givne mængde af materie og sjæl. Også her ser vi en klar parallel mellem nutidens fysiske teorier, hvor der i universet er en bestemt mængde energi/materie. Universets sjæl er en universel formel årsag for Bruno og han opliver dermed hele universet, da denne sjæl også er, hvad der producerer de forskellige aspekter vi ser i verden, udgør disse alle realisationer af potentialer som det også ses i nogle monistiske ontologier.

"All things, no matter how small and minuscule, have in them part of that spiritual substance which, if it finds a suitable subject, disposes itself to be plant or to be animal, and receives the members of such or such a body, commonly qualified as animated..."[46]

Også her finder Bruno støtte i hermeticismen, hvor der også gives en anden definition af liv og dermed også af død, hvor Hermes bl.a. forklarer Tat, at vi aldrig rigtig dør, men blot opløses i mindre bestanddele, der i sig selv indeholder liv, og som efterfølgende kan indgå i andre strukturer[47]. Her støtter Hermes også tesen om at identitet ikke nødvendigvis konserveres og dermed at vi måske ikke har en individuel sjæl, som forbliver vores til evig tid, men derimod at også det spirituelle kan genanvendes.

Dog indføres sjælen i første omgang som følge af Guds æstetiske overvejelser og Guds potentiale og vi kan derfor også spørge os selv om vi kan tilskrive Bruno panpsykisme eller panteisme, en doktrin, som erklærer at al virkelighed er identisk med det guddommelige, eller i Brunos tilfælde med en kristen gud. Dette er netop hvad Bruno tilskriver universet, da hans argument for panpsykisme er baseret på Guds uendelige rækkevidde. For Bruno er hans filosofi og hans religion en og samme ting, man kan derfor også sige at han har en religiøst motiveret panpsykisme[48].

---

[45] Bruno 1584: 44
[46] Bruno 1584:44
[47] Yates 1964:242
[48] Yates 1964:249

Af samme grund mener Bruno også, at universet må være uendeligt, uden centrum og at stjernerne vi ser er andre verdener med andre planeter og igen andre væsener på disse planeter[49]. Alt dette ville ifølge Bruno være at realisere Guds sande potentiale og Gud udgør dermed også det første princip og den første årsag. Derfor er det også målet at realisere så mange forskellige former som muligt[50].

Vi finder i flere panpsykistiske tekster antydninger af, at sjæle findes på flere forskellige niveauer af kompleksitet, dette finder vi også hos Bruno, som deler sjælen op i tre dele, som også udgør niveauer: den guddommelige, som er alt, den mundane, som kreerer alting og de specifikke, som bliver alt[51]. Ofte ser vi besjælinger af fx stjerner, særligt solen og andre astronomiske objekter, dette finder vi også hos Bruno, der blandt andet mener at stjerner besidder evnen til at kontemplere Gud. Kan vi i dag udelukke at der findes bevidsthed på disse kosmologiske niveauer[52]? I princippet kan vi spørge os selv om vi kan udelukke at noget andet i universet er bevidst? Med det vi ved om bevidsthed indtil videre kan vi ikke udelukke særlig meget, da vi ikke engang kan etablere neuroner som værende nødvendige for bevidsthed i det hele taget.

H.P. Blavatsky

Helena P. Blavatsky, der starter det teosofiske selskab i 1875[53], har en noget anden tilgang til introduktionen af sin panpsykistiske idéer i sit værk The Secret Doctrine. Her starter hun med at fremlægge sin kilde, som er udgjort af et arkaisk manuskript, der ifølge Blavatsky selv, er udgjort af palmeblade der er gjort modståelige overfor vand, ild og luft og på denne måde har overlevet århundrede. Blavatsky finder en form for hjemmel i et manuskript, som alene ud fra sin alder og oprindelse skal skabe troværdighed. Derfor findes der heller ikke særlig mange argumenter i Blavatsky' introduktion af panpsykisme, da autoriteten allerede er

---

[49] Bruno 1584:36
[50] Bruno 1584:40
[51] Bruno 1584:39
[52] Nagel 2012b:194
[53] Santucci 2006:1115

slået fast, som et manuskript. Blavatsky fremlægger ud fra tegn i palmebladene en monistisk ontologi:
"Its circumference – a forcibly limited symbol, in view of the limitation of the human mind – indicates the abstract, ever incognisable presence, and its plane, the Universal Soul, although the two are one."[54]

Her ser vi en samlet ontologi, en der beskriver kosmos, som et punkt, der indeholder både materie og den universale bevidsthed. Denne sammenligner hun senere med en neutral substans som i sig selv udgør Parabrahm, det Blavatsky beskriver som kosmos inkluderende alt i den højeste spirituelle sans[55]. Dog nævner Blavatsky også faldet til materie, og dermed indikeres en idealisme, hvor bevidsthed er mere fundamental end materie. Rummet i sig selv benævnes senere som den neutrale substans der eksisterer på tværs af universer, og dermed som monismens kerne[56], denne omtales også som væren og sættes lig med betingelsesløst bevidsthed[57]. Hun forklarer også hvordan materie og bevidsthed bindes sammen af det mystiske Fohat, der beskrives som måden hvorpå de guddommelige ideér imprægneres som naturlove i den kosmiske substans[58]. Blavatsky indikerer herefter i en note, at der findes forskellige grader af bevidsthed, og ikke mindst, at oplevelser eller sensations som Blavatsky benævner det, ligger som det fundamentale grundlag i de forskellige grader af bevidsthed, hun tilslutter sig dermed en panprotopsykisme:
"Mind, as we know it, is resolvable into states of conciousness, of varying duration, intensity, complexity, ect. – all, in the ultimate, resting on sensation, which is again Maya."[59]

Blavatsky forklarer også, hvordan materie er nødvendigt for at den individuelle bevidsthed kan opstå, og indikerer, at der findes en form for bevidsthedskemi, hvor der findes bevidstheder af forskellige kompleksitet[60].

---

[54] Blavatsky 1888:1
[55] Blavatsky 1888:6
[56] Blavatsky 1888:10
[57] Blavatsky 1888: 14
[58] Blavatsky 1888:16
[59] Blavatsky 1888:2
[60] Blavatsky 1888:15

Efter at have forklaret monismen, forklarer Blavatsky, at Platons ontologi, Demokrits atomteori og tre af Empedocles' fire elementer, passer sammen med denne forklaring på kosmos, alle tre teorier betegnes af Blavatsky som okkulte. I en note forklarer Blavatsky, hvordan kosmos, udgjort af bevidsthed og materie, udgør Gud i sig selv, og forklarer hvordan Gud således ikke kan være antropomorf. Kosmos som den guddommelige tanke er for Blavatsky kausalt adskilt fra den fænomenale verden[61], dette medfører en form for egenskabs dualisme, hvor den fysiske verden ikke har nogen indvirkning på den fænomenale verden. Blavatsky gør dog også meget ud af abstraktionen i den fysiske verden og hendes teori kan dermed også tolkes som idealistisk. I fortolkningen af de tegn Blavatsky er i besiddelse af, fortolker hun et af dem som et tydeligt symbol på panteisme, her fortolker hun tegnet som et led i forklaringen på kosmos, og implicere dermed at panteisme ifølge tegnet er sand[62], Blavatsky forsvarer således også panteisme som en sand buddhistisk tradition. Efterfølgende tildeler Blavatsky også the divine breath til ethvert atom.

En afgørende forskel på Blavatsky, Platon og Bruno, er deres betegnelser i samtiden. Platon og Bruno anser sig selv som filosoffer i deres samtid, Platon anser sig selv udelukkende som filosof, og ikke spR leder, Bruno derimod har også en teologisk munke uddannelse og bliver i sin samtid set som både filosofisk og religiøst uddannet. Blavatsky derimod er på sin egen tid anset som esoteriker og alternativ spirituel leder, denne forskel er afgørende for deres forskellige argumentationsmetoder, idet både Bruno og Platon som filosoffer er afhængige af at folk følger deres argumentation og bliver overbevist gennem netop denne. Blavatsky søger derimod ikke overbevisning, men tro. Når hun postulerer en korrespondance med nogle indiske mestre, Mahatmas[63], samt nogle skrifter fra oldtiden som sine kilder, er dette en helt anden form for hjemmel, bl.a. udtaler Blavatsky selv:

"Once that the reader has gained a clear comprehension of them and realised the light which they throw on every problem of

---

[61]Blavatsky 1888:3
[62]Blavatsky 1888:5
[63]Santucci 2006:1117

life, they will need no futher justification in his eyes, because their truth will be to him as evident as the sun in heaven."[64].

Dermed bliver Blavatsky' tekst langt mere redegørende end argumenterende, og vi bliver også opmærksom på en tydelig esoterisk diskurs, som forfatteren selv ønsker at sætter værket i, værket bliver således også flere gange sat over for videnskaben, samtidig påstås det dog også at det okkulte bliver undersøgt videnskabeligt i Blavatsky' værker.

Diskussion

Studiet af esoteriske traditioner er et forholdsvis nyt studie og derfor må vi også spørge os selv, om de forfattere der findes diskuteret i denne artikel er esoteriske. Flere af dem er i deres samtid, og i visse sammenhænge i det moderne samfund, gået under helt andre betegnelser, Platon som filosof og Bruno som teolog og filosof, dog har Blavatsky allerede i sin samtid været opfattet som okkultist. Dette afgrænsningsproblem spejler sig i fagområdets teoretiske grundlag idet der langt fra er enighed om, hvad det vil sige at være esoterisk. Vi kan dog se at ønsket om bevidstheds transmutationer står centralt i mange esoteriske traditioner, og vi må derfor kigge på en teksts formål for at kunne afgøre om den er esoterisk af karakter. Flere forfattere ender på denne måde ofte i flere forskellige kategorier, i denne forbindelse må vi medtage i vores overvejelser at vi i dag har langt større jobspecialisering end man tidligere har haft, og derfor kan flere forfattere have mange betegnelser. Det er derfor også vigtigt at huske på forfatternes egen samtid, og ikke mindst religionens rolle i netop denne tid. Når Bruno fx bruger nekromantisme som eksempel i sine tekster, er dette ikke i Brunos samtid anset som esoterisk, det er anset som magi og farlig magi, men noget meget virkeligt. Ligeledes udtrykker Platon, hvad vi nu vil kalde esoteriske ideer[65]. Vi ser ifølge Versluis ofte denne forskel på esoteriske og ikke-esoteriske tekster som en opdeling mellem jeget og omverdenen i den moderne verden og jeget, omverdenen og det guddommelige i esoteriske

---

[64]Blavatsky 1888:20
[65]Versluis 2004:7

traditioner. Man kan nu spørge sig selv om man givet denne præmis overhovedet snakker om sammen virkelighed eller ontologi[66]. Teksterne som oprindeligt var produceret netop for at forandre læserens bevidsthed, som en via positiva og en åbenbaring, og rette læseren mod enheden mellem det guddommelige og det enkelte individ, læses nu helt anderledes, i en verden som ikke længere besidder det guddommelige som et tredje element, men derimod kun jeget og det andet[67].

En anden tydelig forskel ses i diskursen i teksten, Blavatsky opnår således en esoterisk diskurs allerede ved starten af hendes The Secret Doctrine idet hun skriver sig ind i en tradition som hun selv kalder okkult. Hun indikerer således også flere steder, at den gængse vestlige videnskabsmand og filosof er uvidende om netop de esoteriske doktriner hun fremfører. Blavatsky skriver sig således ind i den vestlige esoteriske tradition, hvor hun anvender en diskurs som identificerer hende med hvad Hanegraaff kalder the "other"[68]. Bruno erkender således også at hans position ikke er ortodoks[69].

Et andet spørgsmål vi kan stille er, om panpsykisme kan ses som et vestligt fænomen, og dermed et fænomen, der kun kan associeres med vestlig filosofi og religion? Panpsykisme ses bl.a. som en fremtrædende ide blandt mange new age religioner, som ofte er inspirerede af gamle esoteriske ideer, som fx flere heksebevægelser, nyfortolkninger af gamle hedenske religioner og økologiske bevægelser. Ud over dette, er panpsykisme en central tanke i nogle udgaver af den buddhistiske tanke og ses også hos nogle hinduer. Dette kan lede os tilbage til panpsykismens oprindelse, og vi kan spørge os selv om denne mon er religiøs, esoterisk eller filosofisk og om disse emner overhovedet har været adskillelige på tidspunktet.

Vi står nu kun tilbage med det centrale spørgsmål: er opfattelsen af og argumentationen for bevidsthedens natur så forskellig hos esoterikerne og i den moderne bevidsthedsfilosofi, at disse

---

[66] Versluis 2000:23
[67] Versluis 2000:31
[68] Hanegraaff 2005:227
[69] Bruno 1584: 43

ikke kan siges at være én og samme ting? Her skiller især de moderne bevidsthedsfilosoffer sig ud, når det omhandler bevidsthedens enhed og identitet. Hos esoterikere og generelt historisk tilskrives fx kun én bevidsthed til én enkelt person. Dog foreslår Nagel, at vi som følge af eksperimentel data fra personer, hvis hjernehalvdele er adskilte, ikke kan tilskrive en enkelt person et heltalligt antal bevidsthed(er)[70]. Dette leder Nagel til konklusionen om at bevidsthed og ekstensive mentale oplevelser ikke behøver et enkelt subjekt. Vi ser noget lignende hos Bruno, som heller ikke anser den personlige identitet som givet. Det æstetiske argument, der går igen hos både Bruno og Platon, er ikke at finde i de moderne bevidsthedsteorier, dog er det kausale argument imod emergentism at finde hos både Bruno, Platon og Nagel. Ligeledes finder vi argumentet om at helhedens egenskaber må være givet ved grundkonstituenternes egenskaber hos Bruno og hos Nagel. Blavatsky skiller sig derimod ud, ved at lægge sin hjemmel, ikke på argumentation, men i højere grad på autoriteten af de arkaiske blade, derfor må vi lede efter ligheder i en diskurs. Blavatsky skriver sig selv ind i en esoterisk diskurs, men også i en tid, hvor den generelle polemik, er for spiritualisme, det okkulte og det esoteriske, idet netop dette står i kontrast til den tidligere historiske periode; oplysningstiden[71]. Når Blavatsky på denne måde skriver sig ind i en esoterisk tradition er hun også selv med til at definere den, da esoteriske traditioner i sig selv danner en diskurs, en struktur og en historie som vi der udvælger esoteriske tekster er med til at definere[72]. Blavatsky skriver sig således selv ind i en tradition som hun selv mener er verdensomspændende og går tilbage til oldtiden, i denne tradition nævner hun blandt andre: rosenkreuzerne, Platon og forskellige buddhistiske mestere.

Konklusion

Efter i denne artikel at have analyseret forskellige esoteriske kilder og sammenholdt deres argumentation for deres givne bevidst-

---

[70]Nagel 2012a:163
[71]Hanegraaff 2005:247
[72]Stuckrad 2005:78

hedsteori med moderne argumenter for panpsykisme, kan jeg konkludere, at Platon og Bruno deler visse ligheder i argumentationsmetode med den moderne bevidsthedsfilosof Nagel. Dog er det tvivlsom om Bruno kan kaldes panpsykist eller skal kaldes panteist. Blavatsky derimod deler overbevisning, men ikke argumentation, med Chalmers, da han taler for panprotopsykisme. Til gengæld finder vi en klar esoterisk diskurs hos Blavatsky, som ikke på samme måde er til at finde hos Platon og Bruno. Om noget, må vi konkludere, at panpsykisme er en doktrin som kan findes i alt fra filosofi og videnskab, til religion og esotericisme.

BIBLIOGRAFI

Kilder:

Blavatsky, Helena P. (1888): Proem, The Secret Doctrine: the Synthesis of Science, Religion, and Philosophy: Volume 1: Cosmogenesis (2011), s. 1-21, s. 273 og s. 274. Cambridge University Press

Bruno, Gordiano (1584): Second Dialog, Cause, Principle, and Unity, Cause, Principle and Unity, and Essays on Magic (1998), s. 33-50. Cambridge University Press

Platon (4. Century BCE): Timaios 5-16. Platon IV: Samlede Værker i ny oversættelse (2013), s. 558-579. Gyldendal

Baggrundslitteratur:

Chalmers, David J. (2016): Panpsychism and Panprotopsychism, Panpsychism: Contemporary Perspectives, s. 19-44. Oxford University Press

Chalmers, David J. og Bayne, Tim (2003): What is the Unity of Conciousness, The Unity of Conciousness: Binding, Integrating, Dissociation, s. 23-57. Oxford University Press

Hanegraaff, Wouter J (2005). Forbidden Knowledge: Anti-Esoteric

Polemics. Aries, 2005, Vol.5(2), s. 225-254

Irwin, Lee (2016): Panpsychism. The Cambridge Handbook of Western Mysticism and Esotericism, s. 417-428. Cambridge University Press, New York

Irwin, Lee (2010): A World Full of Gods: Panpsychism and the Paradigms of Esotericism, Esotericism, Religion and Nature, s. 27-51. North American Academic Press Association for the Study of Esotericism, Minneapolis

Nagel, Thomas (2012a): Brain Bisection and the Unity of Conciuosness, Mortal Questions, s. 147-164. Cambridge University Press

Nagel, Thomas (2012b): Panpsychism, Mortal Questions, s. 181-195. Cambridge University Press

Nagel, Thomas (1979): Subjective and Objective, s. 207-222. Cambridge university Press

Parfit, Derek (1984): Personal Identity, Reasons and Persons, s. 199-302. Oxford University Press

Russell, Bertrand (1918): Mysticism and Logic, Mysticism and Logic and Other Essays, s. 1-32. Longmans, Green and Co., New York

Russell, Bertrand (1921): The Analysis of Mind, s. 9-41. George Allen, London.

Santucci, James (2006): Theosophical Society, in 'Hanegraaff, Wouter J., Faivre, Antoine Faivre, Broek, Roelof Van Den, and Brach, Jean-Pierre. Dictionary of Gnosis Western Esotericism, s. 1114-1123. Leiden Boston: Brill

Seager, William and Allen-Hermanson, Sean, "Panpsychism", The

Stanford Encyclopedia of Philosophy (Fall 2015 Edition), Edward N. Zalta (ed.), http://plato.stanford.edu/archives/fall2015/entries/panpsychism/

Skrbina, David, http://www.iep.utm.edu/panpsych/, besøgt 1/11-2016

Stuckrad, Kocku von (2005). Western esotericism: Towards an integrative model of interpretation. Religion, 01 April 2005, Vol.35(2), s.78-97

Versluis, Arthur (2004): Restoring Paradise: Western Esotericism, Litterature, Art and Conciousness. SUNY Press

Versluis, Arthur (2000): Western Esotericism and Conciousness. Journal of Conciousness Studies, 7, No. 6, s. 20-33

Yates, Frances A. (1964): Giordano Bruno in England: The Hermetic Philosophy, Giordano Bruno and the Hermetic Tradition, s. 235-256, University of Chicago Press

Mystik fra Antikken til Middelalderen

Bjarke Stanley Nielsen

Et studie af kontinuiteten af mystik og begrebet rejected knowledge

Indledning

Fra 400 f.v.t til 400 e.v.t, var mysteriekulter udbredt i hele den græsk-romerske verden. Herfra begyndte en periode med kristen dominans, og kulternes templer blev revet ned. Forskellige akademiske discipliner har gennem tiden givet deres bud på hvordan disse mysteriekulter kan forstås, særlig indenfor studiet af *esotericisme* og mystik har de spillet en stor rolle. Her har der været to forståelser, der har præget forskningen. For det første, er perioden fra kristendommens overtag til renæssancen blevet fremstillet som en tid hvor traditioner, præget af mystik, blev udskilt af kristendommen og først igen så dagens lys i renæssancen. For det andet er *esotericisme*, mystik og det okkulte blevet kædet sammen med oplysningstidens idé om *rejected knowledge* - noget samfundet ser som irrationelt, underligt og derfor har udskilt.

Denne artikel vil argumentere for at *rejected knowledge*, er et problematisk begreb, fordi det er ladet med en bias fra oplysningstiden. Alt lader til, at antikkens mysteriekulter havde meget til fælles med den mystik, der kom til udtryk i antikken og senere i middelalderens kristendom. Ud fra teoridannelser om mystik og *esotericisme* vil artiklen undersøge antikkens mysteriekulter i perioden fra 400 f.v.t til 400 e.v.t. På baggrund af denne undersøgelse viser artiklen hvordan mystikken fortsætter inden for kristendommens rammer op gennem middelalderen. Artiklens analytiske del vil belyse mystik ud fra to perspektiver. Det første perspektiv er baseret på en kombination af teorier inden for studiet af *esotericisme* der undersøger påstande om højere viden og vejen til dem, og studiet af mystik, som har fokus på hvordan sproget skaber mystik. Det andet perspektiv er en undersøgelse af ideen om *unio mystica* – foreningen med det guddommelige, der gennem tiden har været et centralt element i mystikken.

Artiklen arbejder ud fra følgende hovedspørgsmål: Hvilke implikationer har det, når vi forstår mystik og antikkens mysteriekulter som *rejected knowledge*, og er begrebet brugbart i denne sammenhæng? For at besvare dette vil artiklen først redegøre for begreberne esotercisme, mystik og det okkulte. I samme afsnit vil begrebernes relation til *rejected knowledge*, samt nogle af de problemstillinger der knytter sig hertil, blive forklaret. Dernæst vil relevant teori knyttet til feltet af mystik og *esotercisme* blive gennemgået. Dette vil blive anvendt i en analyse af Dionysos og Isiskulterne i antikken (ca. 400 år f.v.t – 200 år e.v.t). Denne periode vil blive sammenlignet med den tidlige kristendom, hvorefter analysen vil fokusere på den tidlige og sene middelalder. Artiklen vil diskutere hvorvidt der er tale om kontinuitet eller brud i forbindelse med begrebet *rejected knowledge*. Herefter vil den diskutere brugbarheden af begrebet, på baggrund af oplysningstidens tanker - når vi snakker om mystik i antikken. Men før vi kan dette, er det nødvendigt at forstå begreberne *esotericisme* og mystik.

Esotericisme, Mystik Og Det Okkulte

Relationen mellem esotericisme og mystik

Begrebet *esotericisme* stammer fra adjektivet *esoterisk*, der har rødder helt tilbage til antikken. Det blev dengang brugt som en betegnelse for en særlig viden som filosoffen Aristoteles (384-322 f.v.t) kun delte med sine disciple - dvs. en form for hemmelig viden. Modsat *esoterisk* var der den *eksoteriske* viden der var tilgængelig for offentligheden[1]. *Esotericisme* som navneord dukkede op i det 16. århundrede, hvor den oprindelige betydning blev bibeholdt, og

---

[1] Rudbøg, pp. 22-26

det derfor betød en form for hemmelig praksis. I moderne popu-
lærforståelse har det været set som et paraplybegreb, der dækker
over blandt andet hermeticisme, okkultisme, mystik, hemmelige
selskaber og magi for at nævne nogle. I 1990'erne blev *esotericisme*
et forskningsfelt[2].

Begreberne mystik og mysterium, kommer fra det græske
verbe *myein*, der betyder "at lukke" - sandsynligvis øjnene eller
munden. "At lukke" kan give anledning til to tolkninger. For det
første, at den indviede (*Mystes/Mystai* pl.) i de græske mysterier
(*mysteiron*), skulle holde deres mund lukket. Altså et løfte om
tavshed og hemmeligholdelse[3]. For det andet kan det tolkes som
åbning eller lukning af øjnene. Lukkede øjne betyder mørke og
at man ikke kan se, hvor åbne øjne refererer til klarsyn og lys. På
denne måde peger den oprindelige brug af ordet mystik på noget
der holdes hemmeligt eller noget den uvidende i mørket kan få
afsløret, når han åbner øjnene for lyset. Ligesom esotercisme har
mystik også rødder i antikken og peger ligeså i retning af noget
hemmeligt. *Mysticism* - hvad der svarer til det danske "mystik" -
lader ikke til at have været brugt før engang i slutningen af 1800-
tallet. Mystik er siden hen blevet kædet sammen med *esotericisme*
i den offentlige forståelse. Her har mystik særligt fungeret som
et paraplybegreb, der indeholdt mange af de samme begreber
som *esotericisme*. Dette er ikke uden grund, for meget tyder på at
mystik og *esotericisme* har en form for forbindelse, da de, som vist,
begge oprindeligt blev brugt som en form for hemmeligholdelse.
På baggrund af dette giver det mening at kæde studiet af mystik
og *esotericisme* sammen. Mystik er dog ikke det eneste begreb der
er blevet kædet sammen med *esotercisme*.

Relationen mellem esotericisme og det okkulte

I historiografien er det okkulte og *esotericisme* ofte blevet kædet
sammen og set som noget irrationelt i kontrast til den "rationelle"
moderne verden. I dette afsnit vil jeg derfor behandle relationen
mellem det okkulte og *esotericisme*, og klargøre hvordan den kan

---

[2]Hanegraaff, pp. 336-342, Rudbøg pp. 26-34
[3]Rudbøg, pp. 122. Sells, pp. 4

forstås.

Den danske sociolog Marcello Truzzi (1935-2003), giver i artiklen *Definitions and dimensions of The Occult* fra 1971, sit bud på det okkulte. Truzzi peger på, at det okkulte har mange betydninger og derfor er et "fuzzy" begreb[4]. Ifølge ham er det okkulte alt fra "mystical aspects", "esoteric beliefs", "mystical states" (sindstilstand) "forbidden knowledge", "secrecy" og magi[5]. Det okkulte optræder altså som en form for overkategori for adskillelige begreber på samme måde som *esotericisme* og mystik. Men i forhold til *esotericisme*, fremstilles det okkulte som et negativt ladet begreb, da det er:

"[...] a residual category, a wastebasket, for knowledge claims that are deviant in some way, that do not fit the established claims of science and religion. And once a knowledge claim gains acceptance within establishment science or religion, it loses its status as occultism"[6]

Det okkulte og videnskaben er diametrale modsætninger - eller sagt med andre ord – det okkulte skraldespanden hvori vi finder samfundets "ubrugelige" viden. Fordi det okkulte har "mystical and anti-naturalistic world views", opfattes det af videnskaben som noget negativt. Videnskaben står for åben forskning, validering og løsninger, hvor det okkulte benytter sig af "privacy and puzzlement"[7]. Et element af denne artikel er netop forvirring og hemmeligholdelse – i hvert fald det sproglige aspekt af den.

Den skotske historiker James Charles Napier Webb (1946-1980) forstår det okkulte i samme spor som Truzzi. Det okkulte ekskluderes og er derfor en form for *rejected knowledge*[8]:

The occult is *rejected knowledge*. It may be knowledge which is actively rejected by an Establishment culture, or knowledge which voluntarily exiles itself from the courts of favor because of its recognized incompatibility with the prevailing wisdom.[9]

---

[4]Truzzi, pp. 643-665
[5]Ibid. pp. 635-636, 641-643
[6]Ibid. pp. 637
[7]Ibid. pp. 636
[8]Webb, pp. 227
[9]Ibid. pp. 191

Truzzi og Webb har altså mere eller mindre den samme opfattelse af det okkulte, nemlig at det er en form for *rejected knowledge* eller en skraldespandskategori. De er samtidig enige om, at det er en overkategori, der indeholder en lang række begreber[10]. Det okkulte, som *rejected knowledge*, blev i den hollandske historiker Wouter J. Hangraaffs værk, *New Age Religion and Western culture*, fra 1996 problematiseret. Hanegraaff mener at Truzzis tese er problematisk, fordi det okkulte forstås ud fra moderne værdier, hvor rationelle tanker er i kontrast til det irrationelle. Kort sagt bliver det okkulte et andet ord for det irrationelle og noget negativt[11]. I bogen *Origins of the Organic Agriculture Debate* fra 2004, ser vi et eksempel på netop dét Hanegraaff kritiserer:

"[...] occult forms of rejected knowledge and romantic notions about nature being benign are flourishing today. [...] nevertheless there is reason for intelligent concern and a continuing need to counter rejected knowledge with verifiable knowledge based on the scientific method and free and open inquiry."[12]

Citatet viser en forståelse af det okkulte som noget irrationelt og farligt, det står i kontrast til den etablerede videnskab. Det viser at forståelsen af det okkulte er smeltet sammen med ideen om *rejected knowledge*, en sammensmeltning der også har haft indflydelse på forståelsen af *esotericisme*.

Esotericisme som rejected knowledge

I sin bog fra 2012, *Esotericism and the academy rejected knowledge in western culture*, argumenterer Hanegraaff for, at studiet af *esotericisme* skal baseres på en historiografi der har til formål at bringe Europas religiøse og filosofiske strømninger ind i et nyt lys. Historiografien skal undersøge de strømninger, der er blevet set som "forkerte" gennem tiden. Dette "forkerte" er hvad undertitlen *rejected knowledge in western culture* dækker over. Hanegraaff tegner et narrativ for *esotericisme* der starter i antikken, bliver afbrudt i senantikken og først tages op i renæssancen. Det giver et indtryk

---

[10]Ibid. pp. 191-192
[11]Hanegraaff, 1996, pp. 407-408, 422
[12]DeGregori, pp. 81

af, at der måske ikke var *esotericisme* i middelalderen, fordi den katolske kirke udskilte dette[13].
Hanegraaff viser hvordan man i den tidlige kristendom, havde brug for kættere til at definere sin ortodokse identitet. På denne måde opstod der en kristen diskurs om, at græsk kultur var kættersk, hvilket blandt andet kommer til udtryk i Tatian's *against thee greeks*[14]. Hanegraaff fokuserer på hvordan kættere og hedninge blev konstrueret gennem denne polemik. Det var også i en polemisk spænding at en ny kategori, ifølge Hanegraaff, voksede frem i oplysningstiden, baseret på tanken om det rationelle og irrationelle[15]:

"[...] "the occult" emerged during this period as a conceptual waste-basket for rejected knowledge," and it has kept functioning as the academy's radical "Other" to the present day."[16]

Hanegraaff beskriver her både *esotericisme* og det okkulte som *rejected knowledge*. På samme tid knytter han også begge begreber til en idé fra oplysningstiden. Miskrediteret og udskilt fra den videnskabelige diskurs, endte det som Hanegraaff ser som *esotericisme*, altså i en skraldespandskategori. Denne kategori indeholder alt hvad der modsvarede videnskab og "rationalitet". Derfor flød mystik, okkultisme, *esotericisme* og alt hvad der lugtede lidt irrationelt sammen, og begrebet "det okkulte" kom således til at indeholde flere ting[17]. Det er klart at Hanegraaff låner Truzzis og Webbs begreber, der er baseret på konstruktionen af det okkulte i det 17-19. århundrede som noget irrationelt, hvilket kan være problematisk[18].

Problemerne med esotericisme som rejected knowledge

Hanegraaffs brug af undertitlen *rejected knowledge* er problematisk. Hanegraaff begår her den fejl som han i 1996 kritiserede Truzzi for. Han opretholder *esotericisme* som *rejected knowledge* - noget

---

[13]Hanegraaff 2012, pp. 27-30, 152
[14]Ibid. pp. 23, 102, 169, 177, 22
[15]Ibid. pp. 211
[16]Ibid. pp. 221
[17]Ibid. pp. 230, 278-279
[18]Ibid. pp. 230, 278-279

irrationelt – en tanke der hører oplysningstiden til. Ved at gøre dette er det svært at se *esotericisme* uden at tænke på det okkulte. *Esotericisme* kommer derfor til at fremstå som en form for irrationel viden udskilt fra samfundet. Hanegraaff viser, at der har været polemiske processer, hvilket har fået noget viden til at fremstå som *rejected*. Selvom han måske ikke selv ser dem som noget negativt, men som nøgtern historiker, blot påpeger de processer der har været der, er det mit argument, at ved at fastholde italesættelsen af *esotericisme* som *rejected knowledge*, reproducerer og opretholder Hanegraaff ufrivilligt *esotericisme* som noget irrationelt.

En anden problematik – tilknyttet begrebet *rejected knowledge* - er at Hanegraaffs narrativ stopper i antikken og fortsætter i renæssancen. Det indikerer at *esotericisme* blev undertrykt i denne periode og ikke kom frem igen før renæssancen. Ved at udelukke middelalderen fra narrativet fremstår *esotericisme* i denne periode, som rejected af kristendommen - Hanegraaffs fokus ligger på at elementer er blev udskilt og ikke inkluderet af samfundet. Ved kun at fokusere på udskillelsen, lukker man øjnene for at mange elementer var vigtige nok i samfundet til at de også optrådte i middelalderen. Ved at fokusere på kontinuitet frem for udskillelse, vil artiklen vise hvordan elementer af *esotericisme*, under dække af mystik, fortsætter i fuldt flor inden for kristendommens rammer fra antikken til den sene middelalder. Men for at forstå dette, er en teoretisk gennemgang af mystik nødvendig.

Teorier Og Perspektiver På Mystik

Lehmann og unio mystica

Grundet det tætte forhold mellem mystik og *esotericisme* vil det være nærliggende at forstå mystik som, *rejected knowledge* på lige fod med *esotericisme*. Denne artikel vil derimod argumentere for at sådan en tilgang bør undgås. Antikkens mysteriekulter vil derfor blive behandlet uden om ideen *rejected knowledge*, da jeg mener at sådan en sammenkædning er skyld i at mysteriekulterne er blevet betegnet som "superstition"(overtro) og "pagan"(hedensk), hvilket blandt andet er tydeligt at se i den danske religionshistoriker

Johannes Edvard Lehmann's (1862-1930) værker[19].
Lehmann udgav i 1921 sin bog *Mystik i hedenskab og kristendom*.
Heri definerede han mystik og sporerede det tilbage til antikken[20].
Fremfor at se Gud som noget større end mennesket, fokuserer
mystik, ifølge Lehmann, på at Gud er ubegribelig - et sådant
fokus, skulle muliggøre en forening med det guddommelige[21].
Mystik er altså tæt knyttet til tanken om foreningen med det
guddommelige, som her er beskrevet af den franske filosof André
Lalande (1867-1963):

"[...] mysticism is 'belief in the possibility of an intimate
and direct union of human spirit with the fundamental principle
of being, a union with constitutes at once a mode of existence
and a mode of knowledge different from and superior to normal
existence and knowledge'."[22]

Det er netop denne forening med det guddommelige, Lehmann
mener er det centrale i mystik, foreningen kaldes *unio mystica* –
den mystiske forening[23].

Et andet centralt element i mystik, er ifølge Lehmann, tavs-
hedsseglet. Den ægte mystiker siger ifølge Lehmann ikke noget -
"stilhed er hans lykke tavshed er hans guld"[24]. Her ser vi hvordan
det græske ord *myein*, der, som vist, referer til hemmeligholdelse,
gør sig gældende og peger på både mystik og *esotericisme*. Leh-
mann understreger at tavshedsseglet ofte bandt folk helt indtil
døden[25]. Overordnet kan man sige, at Lehmann definerer mystik
ud fra ideen om *unio mystica* og tavshedsseglet.

Lehmanns værk er komparativt og sporer disse elementer,
fra antikken til efter den lutherske reformation. Han peger på
mystik i den dionysiske "religion", hvor særligt ideen om *unio
mystica* kommer til udtryk[26]. Mystikken var en del af de klassiske
grækeres ånd, og selv da de blev kristnet, var de så "ubehjælpeligt

---

[19]Bowdan, pp. 7
[20]Lehmann, pp. 10
[21]Ibid. pp. 12
[22]Dodds, pp. 70
[23]Lehmann, pp. 12, 78
[24]Ibid. pp. 10
[25]Ibid. pp. 11
[26]Ibid. pp. 50-56

nedsunket i mystik, at den græske kirkes liv og teologi for alle tider bærer mystikkens mærke på sin pande"[27]. Mystikken er derfor også at finde i den tidlige middelalder i den kristne Dionysos Areopagita' skrifter fra d. 5-6 århundrede – en kristen mystik som Lehmann bemærker har meget til fælles med den mystik, der kom til udtryk i de "hedenske" mysterier[28]. Lehmann beskriver også mystik i den nytestamentlige kristendom, heriblandt Jesus og hans hemmelighedsfuldhed i forbindelse med sine disciple og enhedstanken i forbindelse med kristusbilledet – igennem hvilken mennesket skal blive et med Gud[29].

Lehmanns bog er fra 1921 og bærer sit tydelige præg deraf. I tidens ånd finder vi betegnelser som "primitiv" og "hedensk" hvilket efter min mening ikke bør benyttes, da de er ladet med en kristen bias[30]. Bogen er dog brugbar, da Lehmann ikke behandler kristendommen og antikkens mystik som noget radikalt forskelligt, men derimod beskriver en kontinuitet. Denne artikels analytiske del vil tage udgangspunkt i dette narrativ, og starte i den "Dionysiske religion" ca. 400 år f.v.t hvorefter den vil bevæge sig op til Dionysos Areopagita og hans indflydelse i den tidlige middelalder. Narrativet vil fortsætte fra den tidlige middelalder ind i den senere, hvor kildemateriale fra den amerikanske historiker Micheal Sells (1949-) bog *Mystical Languages of Unsaying*, vil blive benyttet.

Sells, Stuckrad og sproglige mekanismer

Sells bog beskriver fem mystikere, der deler en kulturel arv fra mødet med de semitiske folk og den græsk-romerske verden[31]. Sells mener, at tidligere forskning af mystik har været problematisk fordi den udelukkende har fokuseret på *unio mystica*. Derfor tilføjer han et nyt perspektiv[32].

---

[27]Ibid. pp. 55
[28]Ibid. pp. 86, 89-90
[29]Ibid. pp. 76-79
[30]Rudbøg, pp. 121-129
[31]Sells, pp. 4
[32]Ibid. pp. 11

- Hvor Lehmann sætter fokus på *unio mystica* og hemmelig-holdelse, har postmoderne forskning sat fokus på de sproglige mekanismer i mystikken. Sells lægger sig i dette spor og fokuserer på hvad han kalder "apophatic discourse" eller "mystical discourse"[33]. Mystik-diskurs er et sprogbrug der skaber og starter med et *aporia* som er et uløseligt dilemma af transcendental natur. Denne sproglige mekanisme er designet til at forvirre frem for at klargøre. Diskursen opstår i spændingen mellem "saying" og "unsaying", dvs. ophævelsen af en tidligere påstand. Sells analysemodel har altså fokus på hvordan mystikken kommer til udtryk i en dob-beltsidet diskurs, der både indeholder et udsagn umiddelbart efterfulgt af en tilbagetrækning af samme udsagn. Det er i den spænding at mystik-diskursen opstår, hvilket skaber paradokser, gåder, dilemmaer og mystik[34].

Sells viser hvordan "saying" og "unsaying" oprindeligt blev brugt af Dionysos Areopagita, da han udviklede begrebet "mysti-cal theology". Selvom begrebet først så dagens lys med Dionysos Areopagita, strakte mystik-diskursen sig tilbage til neoplatonike-ren Plotinus (204-270 e.v.t)[35]. Sells understreger, at et helt centralt element i mystik er mysteriet. Hans analysemodel undersøger derfor, hvordan mysteriet bliver skabt af sproget. Mysteriet er for Sells viden, der er tilgængeligt men alligevel utilgængeligt - en sproglig mekanisme[36].

Hvor Sells analysemodel er praktisk til at analysere middelal-derkilder, da mange af mystikerens ord er nedskrevet, bliver den problematisk, når man skal undersøge antikkens mystik. Kildema-teriale, der beskriver hvad der blev gjort og sagt i antikkens kulter, er sparsomme, da de var hemmelige. Alligevel mener jeg, at vi kan analysere de kilder vi har til rådighed, selvom de ofte beskrev mysterierne udefra, og se på hvordan diskursen omkring kulterne har været. For at gøre dette bedst muligt, er det nødvendigt at inddrage den tyske religionshistoriker Kocku van Stuckrad og hans teori om "Claims of higher knowledge". Stuckrad opstiller

---

[33] Ibid. pp. 2-3, 5-6, 148-149
[34] Ibid. pp. 2-3
[35] Ibid. pp. 5
[36] Ibid. pp. 8

en analysemodel med en diskursiv vinkel på *esotericisme*, base-
ret på to elementer. For det første fokuserer "Claims of Higher
knowledge, på det sprogbrug der hævder en højere viden - ofte af
guddommelig karakter. For det andet fokuserer han på "ways of
accessing this knowledge", som en vej til den højere viden. Stuck-
rad foreslår en analysemodel, der kigger på hvordan sprogbruget
bliver brugt til at hævde en højere viden[37].

Denne artikel vil have to analytiske perspektiver på mystik-
ken. Først et akademisk perspektiv der benytter en blanding af
Stuckrads analysemodel af *esotericisme*, Lehmanns idé om tavs-
hedsseglet og Sells teori om *mystical discourse*. Dette perspektiv vil
undersøge, hvordan sprogbruget bliver brugt til at hævde hem-
melig viden, og skabe forvirring, spørgsmål og nysgerrighed hos
læseren, frem for svar. Analysens andet punkt repræsenterer det
centrale for mystikeren selv, nemlig foreningen med det guddom-
melige – *unio mystica*. Ved at kigge på sprogbruget og *unio mystica*
kan vi lokalisere akademiske ideer om mystik, men også de ide-
er mystikerne selv fandt centrale og deres kontinuitet gennem
historien. Analysen vil derfor undersøge sproglige mekanismer,
der ofte enten hævder eller indikerer en hemmelig viden, samt
undersøge hvordan denne er forbundet med ideen om *unio mysti-
ca*. Disse to perspektiver vil blive implementeret i analysen, hvor
første del dækker den antikke periode fra d. 5. århundrede f.v.t
til det 4. århundrede e.v.t og anden del dækker middelalderen fra
ca. 7. århundrede til 14. århundrede e.v.t. Men før analysen er det
relevant at kigge på antikkens mysteriekulter.

Antikken, Hellenismen og Mysteriekulter

Den hellenistiske periode strakte sig fra 336-31 f.v.t, men som
kulturstrømning argumenteres der for at den fortsætter helt indtil
det 4. århundrede e.v.t., da hele denne periode er karakteriseret
ved en græsk-romersk kultur[38]. I denne artikel vil jeg gøre brug
af begrebet den hellenistiske periode som en betegnelse for tiden
mellem 336-31 f.v.t og benytte mig af den senantikke periode i

---

[37]Stuckrad, pp. 88-90
[38]Bowden, pp. 9. Jensen, pp. 139, 145

tiden herefter, til og med kristendommens overtag i d. 4. århundrede (med henblik på den romerske verden, da andre dele af Europa først senere overgik til middelalderen). Som fællesbetegnelse for begge perioder vil jeg benytte mig af begrebet antikken.

Den græsk-romerske verden var kendetegnet ved dyrkelsen af mange forskellige guder, dyrkelsen af nogle af disse guder kom til udtryk i mysteriekulter[39]. Institutionerne kendt som "mysterierne" eller "mysteriekulter" har rødder helt tilbage til før den klassiske periode i Grækenland, men særligt efter Alexander den Store's erobringer, udbredtes disse og smeltede sammen med romersk og ægyptisk kultur[40]. Den hellenistiske periode åbnede op for øget mobilitet, spredning og interaktion af religiøse ideer imellem eksempelvis den italienske halvø, Ægypten og Grækenland. Her var mysteriekulterne populære og udbredte helt indtil det 4. århundrede e.v.t[41]

Den romerske kejser Theodosius gjorde i 392 e.v.t alt ikke-kristelig gudsdyrkelse, forbudt. Herfra så man en kristen polemik der betegner alt andet end kristen gudsdyrkelse som "hedenskab". Efterfølgende så man ødelæggelsen af mysteriekulternes templer og altre. Alligevel peger kilder på, at der i sidste del af d. 4. århundrede e.v.t var højtstående romerske borgere (senatorer og konsuler) der var indviet og varetog høje positioner i mysteriekulterne[42].

Mysterierne havde flere fælles elementer. For det første havde de et element af hemmeligholdelse. Det var forbudt for den indviede at sige, hvad der var blevet gjort og sagt uden for kultens rammer, røbede man dette kunne det være med døden som konsekvens. Altså var et centralt element ved kulterne en hemmelig viden, forbeholdt de indviede[43]. For det andet, var kulternes hemmeligheder forbundet med muligheden for, personligt, at opleve det guddommelige – *unio mystica*[44]. For det tredje var kulternes praksis ofte bygget op over ritualer, som enten blev beskrevet

---

[39]Bowden, pp. 6-7
[40]Stein, pp. 3-5
[41]Jensen, pp. 152. Stein, pp. 3
[42]Bowden, pp. 198. Jensen pp. 145, 152
[43]Bowden, pp. 22, 24
[44]Bowden, pp. 21. Stein, pp. 2-3

som *orgia, mysteria* eller *teletai*, der skal forstås som en form for indvielse i en kult. Disse indvielser foregik ofte om natten, selvom det lader til at der også har været festivaler til ære for de samme guder om dagen[45]. En af disse kulter var Dionysos kulten. Den opblomstrede i den hellenistiske periode og forsatte op i senantikken. I denne kult kom ideerne om *unio mystica* og hemmelig viden i den grad til udtryk.

Mystik I Antikken

Mystik i dionysosmysterierne

Guden Dionysos (ikke at forveksle med Dionysos Areopagita) stammer fra græsk mytologi og var gud for vin, drama, ekstase og vildskab, han blev dyrket både til festivaler og i mysteriekulter[46]. I de orfiske mysterier om Dionysos, er legenden at han blev revet itu af titanerne og derefter spist. I vrede tilintetgjorde Zeus titanerne og skabte mennesket fra deres aske. Mennesket har således en del af Dionysos i sig – en slumrende guddommelig kraft, der kan vækkes til live[47]. Helt centralt for Dionysoskulten var, at man kunne blive ét med Dionysos. Foreningen skete igennem indtagelse af vin og vilde dyrs kød (der ofte blev revet itu, sandsynligvis i overensstemmelse med legenden om Dionysos). Gennem disse ting forenes man med guden som ledte til ekstase, vildskab, seksuelle udfoldelser og åndelig lyksalighed[48].

Poeten Euripides skrev et drama fra det 5. århundrede f.v.t med titlen "Bacchae" (et andet navn for Dionysos). Selvom det er et skuespil, må ideerne der kommer til udtryk, grunde i en diskurs omkring Dionysoskulten. I stykket hævder Dionysos at være i besiddelse af hemmelig viden, hvilket ret tydeligt genererer mysteriet og skaber forvirring, nysgerrighed og spørgsmål hos læseren[49]. Dette bliver klart i en samtale mellem guden Dionysos, der udgiver sig for at være en almindelig mand indviet

---

[45]Bowden, pp. 15
[46]Ibid. pp. 105-107
[47]Meyer, pp. 64-65
[48]Ibid. pp. 66
[49]Euripides, pp. 65-67

i kulten og manden Pentheus som er en central figur i stykket. Pentheus spørger:"What form do they take, these mysteries of yours?" Hvortil der bliver svaret: "It is forbidden to tell the uninitiate."[50] Her optræder et typisk element fra mysteriekulterne – det var forbudt for den indviede at afsløre kultens mysterier. Altså det tavshedssegl Lehman mener, er centralt i mystikken. Med Stuckrad i baghovedet kan vi se hvordan Dionysos ved at sige: "It is forbidden to tell the uninitiate." hævder at være i besiddelse af en hemmelig viden. Selvom vi ikke har at gøre med en mystik-diskurs som i Sells *unsayin*, mener jeg, at resultatet er det samme. Stykket hævder at Dionysoskulten er i besiddelse af en hemmelig viden. At der var interesse for hemmelighederne bliver klart, da Pentheus spørger hvilke fordele der er ved mysteriet. Hvortil der bliver svaret:"I am forbidden to say. But they are worth knowing." Vi ser en mystik-diskurs, der hævder en hemmelig viden, og vi ser også hvordan dette påvirker Pentheus for han svarer: "Your answers are designed to make me curious"[51]. Hvor det i Sells teori er modstillingen af *saying* og *unsaying* der skaber nysgerrighed og forvirring er det i denne mystik-diskurs, Dionysos der hævder at være i besiddelse af en vigtig hemmelig viden, skaber mystik. Dionysos hemmelige viden skaber nysgerrighed hos Pentheus, og det er tydeligt fra *Bacchae* at man har anset den hemmelige viden som noget særligt. Ud over det sproglige design, der skaber mysteriet, bliver den hemmelige viden i slutningen af stykket iscenesat som værd at slå ihjel for. Kultens præstinder jager Pentheus op i et træ, af frygt for han skal afsløre "the secrets of the gods"[52]. I sidste ende får præstinderne, hvoraf en af dem var Pentheus mor, ham ned fra træet, og de river ham i småstykker. Således fremstilles den hemmelige viden som central og værd at beskytte.

Ud over den hemmelige viden der kommer til udtryk i en mystik-diskurs er tanken om *unio mystica* gennemgående i hele *Bacchae*. Vi får at vide at mennesket kan være besat af Guds ånd: "He whom the spirit of god possesseth, who is one with those

---

[50] Ibid. pp. 73
[51] Ibid. pp. 73
[52] Ibid. pp. 73

who belong to the holy body of god."[53] Dionysos kan opleves på helt nær hånd eller som den nyligt indviede forklarer i stykket, så han ham ikke i en drøm men "face to face"[54]. Altså en oplevelse eller erfaring der er virkelig og peger på ideen om *unio mystica*. Når man indgik i *unio mystica* med Dionysos, var det ikke altid et stille forehavende - det var karakteriseret ved vildskab[55]. Et godt eksempel på dette er præstinderne der, besat af Dionysos, og i vildskab flår Pentheus i småstykker. *Unio mystica* kan derfor også være noget tragisk[56].

I *Bacchae* ser vi hvordan en mystik-diskurs bliver brugt til at skabe nysgerrighed og spørgsmål ved at hævde en hemmelig viden, men *Bacchae* viser os også at *unio mystica* var et centralt element i Dionysoskulten.

I den romerske historiker Titus Livius *history of rome* fra 186 f.v.t kommer det romerske senats bekymringer omkring Dionysoskulten til udtryk[57]. Mistænkeligheden var baseret på de hemmelige ceremonier der foregik om natten, og at kulten spredte sig som en epidemi med onde umoralske gerninger[58]. Den romerske centralmagt forfulgte præster fra kulten og arresterede flere af dens medlemmer. Det lader til den overordnede årsag har været at kulten blev betragtet som en konspiration der tog til i styrke. Den havde et ondt forehavende og blev derfor i centralmagtens øjne set som en forbrydelse. Det lader dog til at et vigtigt punkt også var, at der ikke var en autoriseret officiel person til at styre kulten[59]. Pointen er at senatet var nervøst, netop fordi kulten tiltrak folk i store mængder, hvilket var et problem, fordi den ikke havde en officiel autoriseret person fra det romerske senat til at styre den. Måske var det elementer af hvad vi har set i stykket *Bacchae* - nysgerrighed skabt ved en mystik-diskurs omkring kulten, der tiltrak så mange mennesker? Hvis dette er tilfældet har kultens ideer om hemmeligheder, der førte til en forening med det guddommelige,

---

[53] Ibid. pp. 69
[54] Ibid. pp. 73
[55] Ibid. 73
[56] Livy, pp. 88
[57] Ibid. pp. 81-82
[58] Ibid. pp. 82
[59] Ibid. pp. 88

måske været et vigtigt omdrejningspunkt i befolkningen. Altså lader noget til at Dionysoskulten fik problemer med senatet, fordi dens ideer var vigtige nok til at tiltrække mange mennesker i sin samtid.

Osiris og Isis mysterierne

Guderne Isis og Osiris var oprindeligt ægyptiske guder, men den hellenistiske periode åbnede op for deres indflydelse i resten af den græsk-romerske verden. Dionysoskulten var særligt udbredt i det nordlige Ægypten hvor Isiskulten nåede den italienske halvø i senantikken i d. 2. århundrede[60]. Isis blev en populær figur i den romerske verden og havde mange ligheder med den Jomfru Maria figur der senere skulle vokse frem, begge var de velsignede mødre, forbundet til månen og fremstillet med deres søn – Horus eller Jesus siddende på deres skød. Ikke kun Isis men også Osiris havde en lang række ligheder med andre gudebilleder[61]. Den græske forfatter Plutarch(ca. 46 -127 e.v.t) forfattede en række traktater dedikeret til præstinden Clea, hvori han understreger ligheden mellem Osiris og Dionysos, i sin beskrivelse af kultdyrkelsen af Osiris i Memphis(Ægypten)[62]:

"[. . .] the public ceremonies[...] do not in any way come short of a Bacchic procession; for they fasten skins of fawns about themselves, and carry Bacchic wands (thyrsi) and indulge in shoutings and movements exactly as do those who are under the spell of the Dionysiac ecstasies."[63]

Selvom der højst sandsynligt har været forskelle, hvis vi havde en ægypters beskrivelse, er der en lighed af ekstasetilstanden, der repræsenterer ideen om *unio mystica*. Plutrach hævder at være i besiddelse af en hemmelig viden, da han fortæller Clea: "let us leave undisturbed what may not be told" - i hvert fald kommer det til udtryk, at han deler en viden med Clea, læseren ikke må få del i[64]. Vi ser altså i Osiriskulten en form for *unio mystica*, der

---

[60]Bowden, pp. 159, 161
[61]Meyer, pp. 159
[62]Ibid. pp. 160
[63]Plutarch, pp. 169
[64]Ibid. pp. 169

ligner den vi kender fra Dionysoskulten, og vi ser også et element
af mystik-diskurs omkring kulten, der skaber nysgerrighed.
    Isiskulten lader til at have været kendt for sine hemmeligheder,
i hvert fald proklamerer en inskription fra Memphis dateret til det
2. århundrede e.v.t at Isis "reveals mysteries"[65]. Også Isiskulten
lader til at være en del af denne mystik-diskurs, da det i dette til-
fælde hævdes at Isis er i besiddelse af en hemmelig viden, hvilket
også kommer til udtryk i skønlitteraturen fra samme periode.
    Et sprogbrug der generer nysgerrighed og mystik finder vi i
det skønlitterære værk *Metamorphoses* eller *The golden ass* fra d. 2.
århundrede e.v.t af forfatteren Apuleius. Historien handler om
Lucius, der efter sin uheldige omgang med magi forvandles til
et æsel. Lucius får hjælp af Isis, på trods af at han efterfølgende
lader sig indvie i hendes mysterier[66]. Efter at Lucius er blevet for-
vandlet tilbage til et menneske, ankommer han til Isiskulten. Her
begynder elementer af hemmeligholdelse der skaber nysgerrighed,
forvirring og spørgsmål hos læseren at optræde:
    "[...] he [a priest of Isis] produced from the secret recesses
of the shrine certain books written in unknown characters. The
meaning of these characters was concealed [...] so that it was
altogether impossible for any peeping profane to comprehend."[67]
    Altså hævder Lucius at Isiskulten har en form for hemmelig
viden, der er skjult for profane mennesker. Kort efter får Lucius
tildelt nogle opgaver, men indholdet af dem kan han ikke kan
dele med læseren, da de var "too holy to be uttered"[68]. Vi ser her
ideen om tavshedsseglet, men vi ser også et eksempel på hvordan
sproget bliver brugt til at skabe nysgerrighed og spørgsmål hos
læseren. At hemmeligholdelsen er et sprogligt redskab til at gene-
rere nysgerrighed og mystik – og at forfatteren er klar over dette,
bliver tydeligt fra passagen hvor Apuleius skriver:
    "Perhaps curious reader, you are keen to know what was said
and done, I would tell you if it was permitted to tell. But both the
ears that heard such things and the tongue that told them would

---

[65]Isis aretalogy, pp. 172-173
[66]Meyer, pp. 176-177
[67]Apuleius, pp. 188
[68]Ibid. pp. 188

reap a heavy penalty for such rashness."[69]

Dog fortæller Lucius lidt om sin oplevelse - han nærmede sig dødens grænse og blev genfødt, så solen ved midnat og besøgte guderne. Men lige så snart han har fortalt om sin oplevelse, er det som om han trækker lidt i land igen:

"I have told my experience but yet what you hear can mean nothing to you. I shall therefore keep to the facts which can be declared to the profane without offense."[70]

Mystik-diskursens strategi ligger sig tæt op af Sells idé om at mysteriet bliver skabt, når noget viden bliver præsenteret som tilgængeligt men alligevel utilgængeligt, den ligger også tæt op af skellet mellem en esoterisk og eksoterisk lære – en hemmelige viden begrænset til bestemte individer og viden tilgængelig for alle. Der er dog ikke tale om *unsaying*, men at Lucius hævder at være i besiddelse af en viden, han ikke kan dele - en mystik-diskurs der ligner den vi så i Dionysoskulten, fra d. 4. århundrede f.v.t. Lucius oplevelse til indvielsen, bærer ikke kun præg af en mystik-diskurs, Lucius var for en stund forenet med det guddommelige: "I approached the gods below and the gods above, and I stood beside them, and I worshiped them."[71] Denne oplevelse peger i retningen af ideen om *unio mystica*. Lucius har måske ikke indgået i en direkte enhed, men han har i sin mystiske oplevelse været så tæt på guderne, at de har været ved siden af ham. På denne måde bliver hemmeligholdelsen forbundet med ideen om *unio mystica*.

Fra Dionysoskulten i d. 5. århundrede f.v.t til Isis og Osiriskulterne i det 2. århundrede ser vi altså en kontinuitet i ideen omkring *unio mystica*, men det lader også til at der omkring samme kulter har eksisteret en mystik-diskurs der, ved at hævde hemmeligheder, generer nysgerrighed, forvirring og spørgsmål. Disse to elementer var, som vi skal se, ikke unikke for mysteriekulterne, de kom nemlig også til udtryk i den tidlige kristendom.

---

[69] Ibid. pp. 189
[70] Ibid. pp. 189
[71] Ibid. pp. 189

Om Mysteriekulter Og Den Tidlige Kristendom

Before Christianity, mystery cults were a recognized element of the religious and social life of many communities in the Greco-Roman world. After the fourth century AD, ecstatic religion was driven to the margins of society[72].

Som citatet peger på, er der en tendens til at se kristendommen som årsag til at de græsk-romerske mysteriekulter forsvandt. Dette afsnit vil vise hvordan den tidlige kristendom havde meget til fælles med samtidens mysteriekulter. Altså blev de ikke drevet til "the margins of society" og udskilt, men derimod fortsatte inden for kristendommens rammer.

Meget tyder på at kristendommen startede som en jødisk sekt, men særligt i kraft af Paulus ideer, blev der åbnet op for at folk udenfor jødedommen kunne blive en del af kristendommen. Flere forskere har peget på fælles elementer af mystik i den tidlige kristendom og mysteriekulterne[73]. Den tidlige Kristendom og mysteriekulterne havde meget til fælles, blandt andet indvielsesritualer, der blev udført om natten, offentlige festmåltider, men også ideen om *unio mystica* og som vi skal se, et sprogbrug der bærer præg af den mystik-diskurs, vi så tidligere. Begrebet *mysteria* og entalsformen *mysterion* er brugt i Paulus breve, i Johannes Åbenbaring og i en episode i Markusevangeliet. Det bliver her ikke brugt til at referere til et hemmeligt indvielsesritual, men derimod til hemmelig viden:

"He[Jesus] told them, "The secret of the kingdom of God has been given to you. But to those on the outside everything is said in parables"[74]

Jesus skulle have haft en særlig kreds – hans disciple, hvortil han fortalte guds hemmeligheder. Derimod talte han til folk i det offentlige - uden for gruppens rammer i et gådefuldt sprog[75]:

"[...] "they may be ever seeing but never perceiving, and ever hearing but never understanding; otherwise they might turn and

---

[72]Bowden, pp. 211
[73]Dodds, pp. 79, 94, 100-102. Rasmussen, pp. 45, 51-53
[74]Mark, 4:11
[75]Bowden, pp. 208

be forgiven!'"[76]

Altså snakker Jesus i gåder, for at skjule Guds hemmeligheder og sørger for folk udenfor gruppen hører uden at høre og ser uden at se. Dette er et eksempel på en mystik-diskurs der ligner den i mysteriekulterne. Jesus brugte også sproget til at tildække hemmelighederne, en strategi der formentlig har skabt forvirring, nysgerrighed og spørgsmål hos dem der har lyttet. Det adskiller sig en smule fra den mystik-diskurs vi så i Dionysos og Isiskulterne. Hvor mysteriekulterne hævder at besidde en hemmelig viden man ikke må få del i, bruger Jesus et gådefuldt sprog, designet til at forvirre modtageren. Resultatet er dog det samme - en forvirret modtager. Mystik-diskurs er ikke det eneste den tidlige kristendom havde tilfælles med mysteriekulterne – de delte også tanken om *unio mystcia*.

15 år før sin død beskrev den kristne martyr og helgen Justin Martyr (100-165 e.v.t) en kristen gudstjeneste hvori der indgik nadver, herunder indtagelsen af vin og brød[77]. Moderne forskning peger på, at denne nadver havde to funktioner; Først, som et mindes-måltid og traditionskonstruktion – man mindes Jesus' sidste nadver; dernæst, og særligt vigtigt for denne artikel, at man spiser og drikker "Jesus kød og blod" for at forene sig med ham. Her kommer ideen om *unio mystica* til udtryk[78]. Paulus skriver om den kristne nadver:

"[...] is not the cup of thanksgiving for which we give thanks a participation in the blood of Christ? And is not the bread that we break, a participation in the body of Christ?"[79]

For Paulus er dette altså en deltagelse i Jesus - en form for *unio mystica*, idet man netop får fysisk del i det guddommelige[80]. Vi ser ideen om *unio mystica* i den tidlige kristendom, en idé der ikke er så langt fra den vi så i Dionysoskulten og Isismysterierne. Der er blevet argumenteret for at Lucius' oplevelse af at være tæt på guderne i *the golden ass* og den kristne enhed riterne medførte,

---

[76]Mark, 4:12
[77]Rasmussen, pp. 88
[78]Ibid. pp. 88
[79]Ibid. pp. 48-49
[80]Ibid. pp. 28

kan tolkes som et udtryk for en nærhed med det guddommelige - en form for *unio mystica*[81]. Udover dette kan Dionysoskultens indtagelse af vin – der førte til *unio mystica* sammenlignes med den kristne nadvers indtagelse af vin, der førte til en forening med Jesus. I begge optræder vinen i rituel kontekst, og repræsenterer en vej til *unio mystica*. Den tidlige kristendom havde altså både elementer af *unio mystica* og et sprogbrug der skaber mystik gennem forvirring og nysgerrighed.

Kristendommen havde også andet til fælles med kulterne, den var nemlig i sin tidligste fase under pres af den romerske centralmagt[82]. Den romerske historiker og senator Tacitus beskriver i ca. 116 e.v.t, hvordan Kejser Nero beskyldte de kristne for den store brand i Rom. Hos Tacitus udtrykkes en generel modvilje mod de kristne i samfundet og hos Nero. Særligt lægger han vægt på at, de holder deres ritualer om natten som "alle slags forfærdelige og skamløse kulter"[83]. Vi ser altså en mistænkelighed baseret på mange af de samme grunde, som vi så i Dionysoskulten og at man i antikken ikke tøvede med at sammenligne kristendommen med andre kulter såsom Dionysoskulten.

Op igennem det tredje århundrede viser kilder også, hvordan flere fordomme eksisterede mod de kristne – hvilket nok var årsagen til at de også i dele af denne periode blev forfulgt[84]. Kejser Konstantin (272-337) satte dog en stopper for kristne forfølgelser med sit tolerancedekret fra 313, og som nævnt blev kristendommen den eneste tilladte religion ved udgangen af samme århundrede. I takt med at kristendommen bliver favoriseret af de romerske kejsere forsvandt mysteriekulterne fra samfundet, selvom der, som nævnt, så sent som i slutningen af det 4. århundrede var højtstående romere der stadig deltog og varetog høje positioner i kulterne. Som kristendommen tog over blev ordet *mysterion* implementeret fra de græsk-romerske kulter, det blev ikke længere brugt til at indikere noget hemmeligt, men til at referere til de kristnes ritualer, ligesom *Mystai* blev brugt til at betegne

---

[81]Bowden, pp. 209
[82]Rasmussen, pp. 66
[83]Ibid. pp. 66
[84]Ibid. pp. 68-69. Dodds, pp. 108

en kristen indviet[85]. Den tidlige kristendom implementerede altså begreber fra mysteriekulterne og brugte dem på samme måde. Herudover ser vi også *unio mystica* fortsætte i den kristne nadver gennem indtagelse af vin. Fokus vil nu skifte fra senantikken og fortsætte i middelalderen, her skal vi se andre former for ideen om *unio mystica* komme til udtryk, men ikke nok med det, så lader det til at sprogbruget, der skaber mystik, forsætter. Det tyder på at disse ideer var vigtige nok til at de ikke forsvandt, faktisk var de vigtige nok til at blive integreret i kristendommen og sågar dannede grundlag for kongelige gaver.

Mystik I Middelalderen

Den tidlige middelalder - en kongelig gave

I 827 e.v.t sendte den byzantinske kejser en gave til frankernes konge. Gaven var et græsk skrift tilskrevet tidligere nævnte Dionysos Areopagita. Man ved ikke meget om ham udover at Dionysos var et pseudonym, han levede i d. 6. århundrede og var inspireret af neoplatonikeren Proclus (412-485)[86]. I Dionysos Areopagitas værk kommer mange af de samme ideer til udtryk, som vi så i mysteriekulterne:

"he[Moses] plunges into the truly mysterious darkness of unknowing. Here renouncing all that the mind may conceive, wrapped entirely in the intangible and invisible, he belongs completely to him who is beyond everything. Here, being neither oneself nor someone else, one is supremely united to the completely unknown [God] by an inactivity of all knowledge, and knows beyond the mind by knowing nothing."[87]

Vi ser her et sprogbrug der peger i retning af den mystik-diskurs vi så i mysteriekulterne, sproget bruges til at skabe forvirring og nysgerrighed -"mysterious darkness of unknowing", noget bliver skjult for læseren og kan derfor opdages. Dette element af hemmeligholdelse optræder sammen med ideen om *unio mystica* -

---

[85]Bowden, pp. 208-211
[86]Sells, pp. 34-35
[87]Pseudo-Dionysius, pp. 191, ikke mine klammer

man er hverken sig selv eller en anden men "supremely united to the completely unknown[God]"[88]. Meget lader altså til at disse ideer om hemmeligholdelse og *unio mystica* har været vigtige nok til at kunne udgøre en kongelig gave.

Den franske konge bestilte den lærde skotte John Scot Eriugena til at oversætte skrifterne fra latin, og det er formodentlig dette arbejde, der inspirerede Eriugena til at skrive sit eget værk *Periphyseon*[89]. I dette værk ser vi igen et sprogbrug, der præsenterer noget som tilgængeligt men alligevel utilgængeligt, og på den måde skaber forvirring, nysgerrighed og spørgsmål hos læseren:

"[...] for everything that is understood and sensed is nothing other than the aspiration of the non-apparent, the manifestation of the hidden, the affirmation of the negated, the comprehension of the incomprehensible, the utterance of the unutterable, the access to the inaccessible."[90]

Vi ser her indikationen af noget hemmeligt, noget er gemt væk og kan derfor afsløres, noget kan siges men ikke siges, og man kan få adgang til det utilgængelige.

Modsætningsforholdene skaber ændringen og udløser forvirringen og nysgerrigheden, hvad er det der kan siges, men ikke siges? Hvordan får man adgang til det utilgængelige? Hvor vi i mysteriekulterne så, at der direkte blev hævdet en hemmelig viden, ser vi her hvordan sprogets modsætningsforhold skaber forvirringen og derigennem mystik, på samme måde som Jesus' gådefulde sprogbrug. Der er altså to positioner inden for mystikdiskurs. En position der hævder at have adgang til hemmelig viden, og en anden position der bevidst slører sproget gennem semantiske modstillinger. Resultatet af de to diskurser er det samme - læseren sidder tilbage med en følelse af, at der er et mysterium, der kan løses, svar der kan findes. Hos Eriugena ser vi også ideen om *unio mystica* han citerer Dionysos Areopagita:

"All things, therefore, participate in the divine providence flowing forth from the divinity beyond-essence and beyond causation. For perhaps they would not exist except by taking upon

---

[88]Pseudo-Dionysius, pp. 191
[89]Sells, pp. 33-35
[90]Eriugena, 633B:44

themselves the essence and principle of all that are."[91]

Ideen om at man kan deltage i det guddommelige, optræder her sammen med et sprogbrug der skaber mystik, gennem forvirring og nysgerrighed, selvom der ikke direkte bliver hævdet en hemmelig viden. Et gådefuldt sprogbrug og ideen om *unio mystica* er gennemgående i Eriugenas værk[92]. På den måde bliver ideen om *unio mystica* på sin hvis forbundet til mystik.

I den franske konges tjeneste, og derfor beskyttet af det franske monarki, undslap Eriugena at blive forfulgt af den katolske kirke og hans ideer fik stor indflydelse i middelalderen. Set fra dette perspektiv ser vi altså også hvordan en vigtig person i den tidlige middelalder beskæftigede sig med mystik ligesom sidst i senantikken. Vi ser også hvordan ideerne, der inspirerede Eriugena i form af Dionysos Areopagita værk, var vigtige nok til at kunne udgøre en kongelig gave. Dog mødte Eriugenas værk modstand efter sin død. Pave Honorius (1150-1227) beskyldte hans værk for at sværme med "worms of heretical perversity". Hans værker blev derefter i 1225 indsamlet og brændt[93]. Mange af trækkene, som *unio mystica* og den mystik-diskurs vi så i antikkens mysteriekulter og den tidlige kristendom, fortsatte op i den tidlige middelalder. Først i forbindelse med Dionysos Areopagita og senere bliver disse træk overført til Eriugena. Der er en kontinuitet fra antikken til den tidlige middelalder, hvis man betragter hvordan sproget bliver brugt og ideen om *unio mystica*, ydermere lader disse ideer til at have være vigtige nok til at kunne udgøre en gave til frankernes konge. Selvom Eriugena mødte modstand, lader det ikke til hans ideer forsvandt, vi ser nemlig mange af de samme træk igen i den sene middelalder.

Om Meister Eckhart og mystik i den sene middelalder

Den tyske dominikanermunk Meister Eckhart (1260-1328) brugte det meste af sit liv på at rejse frem og tilbage mellem Paris og Tyskland i kristendommens tjeneste og var en vigtig personlighed

---

[91]Eriugena, 644a-b:49-50
[92]Sells, pp. 49-50, 52, 57-58
[93]Ibid. pp. 60-61

i sin orden. Hans skrifter er blevet karakteriseret som kristen mystik og indeholder temaer som *unio mystica*[94].

When the will is so united with God's will that they become a single will, then the father begets his only-begotten son in himself and in me. Why himself and in me? When I am one with him, he cannot exclude me; "[...] There I am in God"[95]

Unio mystica går igen flere steder i Eckharts skrifter, vi ser også her antydning af et sprogbrug der skaber spørgsmål hos læseren "Why himself and in me?", en mystik-diskurs der generer spørgsmål bliver altså kædet sammen med ideen om *unio mystica*. Hos Eckhart ser vi også antydningen af noget hemmeligt:

"Whenever God sees that we are the only-born son, then God hurries so quickly and behaves just as if his being [wessen] wished to break into pieces and become noting in himself, so that he can reveal to us all the abyss [abgrunt] of his godhead and the fullness of his being and nature"[96]

Guds ønske om at blive ingenting i sig selv skal i denne kontekst ses som præmissen for at han kan afsløre sin guddommelighed. Det er i dette stadie af ingenting, at det guddommelige og mennesket forenes. Der er altså tale om en fælles essens eller sjæl, der kan forenes i stadiet af ingenting. Når noget kan afsløres ligger der i det semantiske modsætningsforhold at noget må være skjult. Gud kan altså afsløre sin fuldstændige guddommelighed for mennesker igennem *unio mystica*. Der bliver altså hævdet at Gud har noget at afsløre, altså er noget hemmeligt, dette skaber en nysgerrighed ved læseren - der ønsker at opnå *unio mystica*. Som vi har set ved vores andre mystikere, er der altså også her et element af en mystik-diskurs der skaber nysgerrighed, og denne er tæt forbundet til ideen om en *unio mystica*.

Eckharts synspunkter gav ham i sin levetid problemer med den katolske kirke og inkvisitionen. Han kom under pres fra inkvisitionen i 1323, men accepterede ikke deres beskyldninger for kætteri. Eckhart klagede til Paven i Rom, John XII, men lige meget hjalp det i 1329 blev 17 af hans artikler dømt som kætterske

---

[94]Ibid. pp. 146-147
[95]Meister Eckhart, predigt 16b:167
[96]Meister Eckhart, predigt 12:168. Ikke mine klammer

og yderligere syv blev dømt for at have farligt indhold. At Eckhart ikke var hvem som helst – men derimod en vigtig personlighed inden for kirken, hvilket bekræftes af at hans klage tages seriøst og gennemgået af paven. Angiveligt var det meningen at de skulle have mødtes, men Eckhart døde før han nåde frem[97].

Vi har nu betragtet hvordan der har eksisteret en vis grad kontinuitet indenfor mystik fra 400 f.v.t i Dionysoskulten til på Eckharts tid. I hvert fald hvis man kigger på kontinuiteten inden for den mystik-diskurs fremlagt på foregående sider samt ideen om *unio mystica*. Disse to ideer lader ofte til at have været forbundet til hinanden. Hemmelig viden og et forvirrende sprogbrug går ofte hånd i hånd med ideen om *unio mystica*, i hvert fald i perioden undersøgt i forbindelse med denne artikel.

Disse ideer lader til at have været vigtige nok til at overleve i alle disse år selvom de har mødt modstand fra centralmagterne. På trods af, at de utallige gange har været forsøgt udskilt, er ideerne til stede hos vigtige personer i samfundet. De kunne ikke undertrykkes, da der som vist er kontinuitet fra mysteriekulterne op til senmiddelalderens kristendom.

Rejected Knowledge – Brud Eller Kontinuitet?

På baggrund af overstående analyse er det ikke uforståeligt at *esotericisme* og mystik har været forstået som noget samfundet har udskilt. Både de tidlige mysteriekulter men også de senere kristne mystikere mødte modstand fra centralmagterne i hver deres periode. Hanegraaff har altså på sin vis ret, når han peger på, at der har været polemikker, der har peget fingre og udskilt nogle traditioner i den europæiske kultur. Dog tyder meget på, at hvis man skal snakke om *rejected knowledge*, i den forstand at nogle esoteriske og mystik-traditioner rent faktisk blev udskilt, lader det til at det var den siddende centralmagt, og ikke samfundet som helhed der udskilte disse. Mystik og *esotericisme*, - i hvert fald hvis man kigger på at ideen om *unio mystica* og mystik-diskursen, har været vigtigt nok til at have optaget folk i mere end tusind år. Denne vigtighed er repræsenteret i den tidlige kristendom, ved

---

[97]Sells, pp. 146-147

tanken om *unio mystica*, hvor indtagelsen af vin kan sammenlignes med indtagelsen af vin i Dionysos mysterierne. Yderligere finder vi hos begge et sprogbrug der hævder en hemmelig viden og skaber nysgerrighed.

Både den tidlige kristendom og Dionysoskulten led under forfølgelser – højst sandsynligt fordi de tiltrak sig store menneskemasser, hvilket må have truet den romerske statsmagt. Set i lyset heraf ville den tidlige kristendom være *rejected knowledge* på samme vis som Dionysoskulten. Kristendommen på sit tidlige stadie blev "udskilt" af den romerske statsmagt, men senere blev den til statsreligion, hvilket i praksis efterlod mysteriekulterne som *rejected knowledge* i kontrast til kristendommen. Pointen er her at de fleste religiøse og semi-religøse retninger på et eller anden tidspunkt i deres historie har været udsat for polemik og udskillelse. Det gør dem ikke til *rejected knowledge*, det viser kun at en given magtposition har haft indflydelse nok til at få nogle religiøse traditioner til at fremstå som *rejected knowledge* på et givent tidspunkt. Jeg mener ikke, man bør fokusere på dem som *rejected knowledge* af den grund, men at man bør fokusere på hvilke fælles elementer de deler og hvorfor der er en kontinuet, på trods af at man har forsøgt at udskille disse ideer.

Det lader ikke til at *esotericisme* og mystik var noget der forsvandt med kristendommens overtag. Der er en kontinuitet i hvordan sproget bliver brugt til at skabe nysgerrighed og mystik, samt en kontinuitet i ideen om *unio mytica*. Disse ideer kommer til udtryk i mysteriekulterne, hvor der ofte blev hævdet en hemmelig viden. Den kristne strategi lader til at have været et gådefuldt sprogbrug, udbredt blandt kristne mystikere i middelalderen, men allerede praktiseret af Jesus i Markusevangeliet. Selvom der er to positioner inden for mystik-diskurser er resultatet af det samme – det skaber mystik. Mystik og *esotericisme* dør ikke ud i antikken, men forsætter både i den tidlige kristendom i den tidlige- og sene middelalder, dog inden for kristendommens rammer.

Frem for det brud fra antikken til renæssance der kommer til udtryk i Hanegraaffs bog fra 2012, vil jeg argumentere for kontinuitet fra antikken til renæssancen frem for brud. Som vist forsætter mange af de samme ideer og diskurser, men ikke nok med det, så lader de til at have været et centralt element i samfundet. I flere tilfælde var det højtstående individer i antikken og middelalderen der beskæftigede sig med mystik. I stedet for at fokusere på at en tradition er blevet udskilt, hvilket næsten alle religiøse traditioner har været, bør man fokusere på hvorfor nogle ideer er centrale og populære i samfundet og kan overleve gennem over tusind år på trods af modstand. Eksempelvis indeholder den katolske nadver stadig indtagelse af vin (kristi blod) og brød (kristi legeme) – ideer om *unio mystica* der kan spores helt tilbage til antikkens mysteriekulter. Set i dette perspektiv er det problematisk at bruge begrebet *rejected knowledge* om mystik og *esotericisme*, ideerne har simpelthen været for præsente og centrale i det meste af Europas kulturhistorie. Jeg foreslår et fokus på centrale elementer inden-for mystik og *esotericisme*, en tilgang der fremhæver kontinuitet og inklusion frem for *esotericisme* som noget der er udskilt af samfundet.

Rejected knowledge - Et Brugbart Begreb Om Mystik Og Esotericisme I Antikken?

Der er en klar forbindelse mellem *esotericisme* og mystik. Antikkens mysteriekulter havde ofte en hemmelig viden central for kultens medlemmer, ligesom Aristoteles' disciple modtog en hemmelig esoterisk lære. Begge disse begreber er derfor brugbare til at undersøge og beskrive antikkens mysteriekulter, da de begge har rødder i samme periode. Fordi disse begreber har et samtidigt ophav og en tæt forbindelse er de anvendelige sammen. Helt anderledes forholder det sig når det kommer til begrebet *rejected knowledge*.

Ideen om *rejected knowledge* hænger, som vist, sammen med tanken om det okkulte og alt hvad der knytter sig hertil som noget irrationelt. Truzzi peger på nogle af disse ting som "esoteric beliefs", "mystical states" og "forbidden knowledge"[98].

Da denne tanke først blev konstrueret i løbet af oplysningsti-den, mener jeg, den er yderst problematisk at bruge i forbindelse med *esotericisme* og mystik, som har rødder der strækker sig meget

---

[98]Ibid. pp. 365, 336, 641-643

længere tilbage. *Rejected knowledge* implicerer det der beskrives – *esotericisme* som noget irrationelt og da denne tanke først opstod i oplysningstiden, vil jeg ikke mene, den ikke skal bruges til at beskrive *esotericisme* og mystik i antikken, da der nødvendigvis ikke var en idé om *rejected knowledge* på dette tidspunkt. At bruge *rejected knowledge* om mystik eller *esotericisme*, som Hanegraaff, er at reproducere dem som irrationelle. På baggrund af dette dannes en ladet forståelse af mystik og *esotericisme*.

I forlængelse heraf vi jeg argumentere for at *rejected knowledge* er et ladet begreb, der tilknytter alt hvad det beskriver, ideen om det okkulte og irrationelle. Derfor når man snakker om mystik og *esotericisme* bør man holde sig fra ladede begreber. En bias fra oplysningstiden bør ikke påvirke vores forståelse og beskrivelse af antikkens traditioner. På samme måde som religionsforskningen i dag undgår begrebet hedenske religioner om antikken, fordi det er ladet med en kristen bias, bør man undgå *rejected knowledge* fordi det udtrykker en bias fra oplysningstiden. Måske er det netop sådan en kristen bias der bliver reproduceret i Lehmanns værk *Mystik i hedenskab og Kristendom*. På samme måde som en oplysningsbias bliver reproduceret i Hanegraaffs bog fra 2012. I studiet af *esotericisme* og mystik mener jeg derfor, man bør undgå ladede begreber såsom *rejected knowledge*. Det okkulte er problematisk men bør ikke udelukkes fra feltet, dog vil jeg mene at studiet heraf bør centrere sig i tiden omkring og efter begrebets oprindelse – ikke før. Vi bør undgå ladede begreber som *rejected knowledge* i studiet af mystik og *esotericisme*, når vi eksempelvis arbejder med antikkens mysteriekulter. Da det reproducerer et tidligere oplysningstids-bias, påvirker vores forståelse og kan få mysteriekulter til at fremstå som irrationelle, selvom disse tanker ikke eksisterede i samtiden men derimod opstod senere.

Konklusion

Antikkens mystik og mysteriekulter kan kun betragtes som *rejected knowledge*, hvis man udelukkende ligger fokus på den polemik og modstand de ofte har mødt fra centralmagterne. Selvom Hanegraaffs narrativ indikerer et brud, lader det til at der har været

111

kontinuitet fra antikken op til middelalderen. Mange af de samme ideer, herunder *unio mystica* og en mystik-diskurs der bruger sproget til at forvirre og skabe spørgsmål, har været centrale. De var til stede i den tidlige kristendom og forsatte igennem middelalderen. Selv i dag fortsætter arven fra *unio mystica* i den kristne nadver. Vigtigheden af disse ideer er repræsenteret i de store menneskemasser, antikkens mysteriekulter tiltrak. De højtstående personer der beskæftigede sig med mystik i antikken og op gennem middelalderen er også et bevis på dette. Mystik er altså ikke kun *rejected knowledge*, til trods for at Hanegraaffs bog indikerer et brud fra middelalderen til renæssancen. I stedet for at ligge fokus på *esotericisme* som *rejected knowledge*, forslår jeg et fokus på hvordan og hvorfor mystik overlever i mere end tusind år på trods af modstand fra centralmagterne.

Ud over at *rejected knowledge* indikerer en afvisning og brud, indeholder det også noget irrationelt. Ligesom begreberne *esotericisme* og mystik har deres oprindelse i antikken, har *rejected knowledge* rødder i oplysningstiden, hvortil det er tilknyttet et irrationelt element. I denne sammenhæng reproduceres mystik og antikkens mysteriekulter som irrationelle når de beskrives som *rejected knowledge*. *Rejected knowledge* er derfor et ladet begreb på lige fod med begrebet hedensk og er, som artiklen har vist, et problematisk begreb.

Bibliografi

Sekundær Litteratur:

Bowden, Hugh. Mystery Cults in the Ancient World. London: Thames & Hudson. 2010.

Dodds, E.R. Pegan and Christian in an age of Anxiety (1965). Newcastle: Athenæum press ltd.1994.

DeGregori, Thomas R. Origins of the Organic Agriculture Debate. Iowa: Iowa State Press. 2004.

Hanegraaff, Wouter J. New age religion and Western culture. Leiden, New York, Kölon: Brill .1996.

Hanegraaff, Wouter J. Esotericism and the academy, rejected knowledge in western culture. New York: Cambridge University Press, 2012.

Jensen, Tim Rothstien Mikael Sørensen & Jørgen Podeman. Gyldendals Religionshistorie. København: Gyldendal 2011.

Lehmann, Edvard. Mystik, I hedenskab og Kristendom (2. Øgede og ændrede udgave). København: S. L Møllers Bogtrykkeri. 1921.

Meyer, Marvin W., ed. The Ancient mysteries, a sourcebook. San Francisco: Harper Row, Publishers.1987

Rudbøg, Tim. The Academic Study of Western Esotericism: Early Developments and Related Fields. Copenhagen: H.E.R.M.E.S. Academic Press.2013.

Rasmussen, Tarald Einar Thomassen. Kristendommen, en historisk innføring. Oslo: Universitetsforlaget. 2012.

Sells, Michael A. Mystical Languages of Unsaying. Chicago and London: The University of Chicago Press. 1994.

Stuckrad, Kocku von, "Western esotericism: Towards an integrative model of interpretation," Religion, Vol.35 (2005):78-97. Hentet November 28, 2016, URL = doi.org/10.1016/j.religion.2005.07.002.

Stein, Charlie. "Ancient Mysteries," I The Cambridge handbook of western mysticism and esotericism, ed. Magee, G. (New York: Cambridge University Press, 2016.) 3-12.

Truzzi, Mercello, "Definitions and dimensions of the occult," Popular Culture Association The journel of popular culture: Vol.5, hæfte 3 (1971): 636-646. - Webb, James. The Occult Underground.

La Salle Illinois: Open Court Publishing Co.1974.

Primær Litteratur:

Apuleius of Madauros, "The Golden Ass (Metamorphoses), book 11," I The Ancient mysteries: a sourcebook, ed. Marvin Meyer (San Francisco: Harper Row, Publishers, 1987), 176-193

Euripides, "Selections from Bacchae," I The Ancient mysteries: a sourcebook, ed. Marvin Meyer (San Francisco: Harper Row, Publishers, 1987), 65-81.

Isis aretalogy, "Isis aretalogy from cyme," I The Ancient mysteries: a sourcebook, ed. Marvin Meyer (San Francisco: Harper Row, Publishers, 1987) 172-174.

John Scot Eriugena,"Iohannis Scoti Eriugenae, Perpiphyseon, De Divisone Naturae, 633b; vol. 3:58," I Mystical Languages of Unsaying, af Michael A Sells (Chicago and London: The University of Chicago Press, 1994) 44.

John Scot Eriugena,"Iohannis Scoti Eriugenae, Perpiphyseon, De Divisone Naturae, 644a-b, vol. 3:52-84," I Mystical Languages of Unsaying, af Michael A Sells (Chicago and London: The University of Chicago Press, 1994) 49-50.

Livy, "History of Rome, book39.8-19," I The Ancient mysteries: a sourcebook, ed. Marvin Meyer (San Francisco: Harper Row, Publishers, 1987), 81-93.

"Mark:4:11," Bible Hub, hentet Maj 28, 2017, http://biblehub.com/mark/4-11.htm.

"Mark:4:12," Bible Hub, hentet Maj 28, 2017, http://biblehub.com/mark/4-12.htm.

Meister Eckhart "Predigt 16b;DW 1:266," I Mystical Languages of

Unsaying, af Michael A Sells (Chicago and London: The University of Chicago Press, 1994) 167.

Meister Eckhart "Predigt 12;DW 1:194," I Mystical Languages of Unsaying, af Michael A Sells (Chicago and London: The University of Chicago Press, 1994) 168.

Plutarch of Chaeronea, "On Isis and Osiris," I The Ancient mysteries: a sourcebook, ed. Marvin Meyer (San Francisco: Harper Row, Publishers, 1987), 161-172.

Pseudo-Dionysius,"Studia Patristica,vol. 18, nr.2," I Pseudo-Dionysius: A Commentary on the text and an introduction to their influence, af Paul Rorem (Oxford, New York: Oxford university press, 1993), 191.

Alle Guldmagere ere Bedragere, og du er en Nar, hahaha! - Om holdninger til alkymi i Danmark ca. 1700-1800

Brian Traantoft Rasmussen

Indledning

"Alle Guldmagere ere Bedragere, og du er en Nar!"

"Assessor Henrich Ehm hafder indstæfved D. Christ: Wilhelm Hacqvard for hand hafde icke holdet sien Contract, angaaende Een Chymiske Operation hand hannem hafder Lært..."[1]

Med disse ord påbegyndtes retssagen mellem fødselslæge Christian Wilhelm Hocquart og assessor Henrich Ehm. Den tog sin begyndelse d. 4 september år 1700, udspillede sig i Københavns Konsistorium, en retsinstans tilknyttet Københavns Universitet, og endte med at vare i hele ni måneder. Sagens kerne var den, at Henrich Ehm havde solgt Christian W. Hocquart opskriften på en "Chymisk Operation", kunsten at omdanne sølv til guld. Problemet med denne tilsyneladende lukrative handel var dog, at Hocquart nægtede at betale de 600 rigsdaler som Ehm forlangte som betaling. Hocquart kunne nemlig ikke få opskriften til at fungere og mente derfor, at han havde købt katten i sækken og vel at mærke en tumper dyr en af slagsen. Assessor Henrich Ehm

---

[1] Københavns Universitets Konsortium, *Justitsprotokol 1691-1715*, 186

affejede dog kritikken og mente ikke, at Hocquarts manglende
praktiske snilde eller utilstrækkelige læsekundskaber kunne være
hans problem, og han lagde derfor sag an mod Hocquart for at få
ham til at betale for den alkymistiske instruks.

Cirka 80 år senere, i 1783-1784, støttede den anerkendte pro-
fessor i eksperimentalfysik og medicin Christian Kratzenstein et
alkymiforsøg der tilsyneladende havde resulteret i produktionen
af ren guld. Kratzenstein var et højtestimeret medlem af Viden-
skabernes Selskab og en vægtig skikkelse i udviklingen af kemi i
Danmark. Men da han offentligt benyttede sin anerkendte position
til at få det alkymistiske forsøg trykt i et internationalt tidsskrift,
mistede han inden for få år al sin videnskabelige troværdighed.
Forsøget blev nemlig meget hurtigt tilbagevist og på grund af
tidens nye naturfilosofiske idealer og betingelser for sand forsk-
ning, faldt professoren i dyb miskredit. I 1780'erne var alkymi
ikke længere noget den videnskabelige elite gav sig i kast med.
Det blev betragtet som en art pseudovidenskab uden hold i den
virkelighed der nu skulle måles, vejes og efterprøves.

Det er netop denne udvikling og problematik, som pågældende
artikel omhandler og vil forsøge at gøre os klogere på; de forskel-
lige holdninger til alkymi i Danmark i perioden mellem 1700 og
1800 samt hvordan det kan være, at alkymien, der i århundre-
der havde bidraget med et utal af naturfilosofiske landvindinger
grundet dens status som en fornem elitær hofdisciplin, pludseligt
kunne negligeres, skrives ud af historien og latterliggøres.

Hvor både den danske middelalder og renæssance er så nogen-
lunde afdækket hvad angår danske naturfilosoffer og forskellige
forståelser af alkymi, glimrer samme forskning i alkymi i dansk
oplysningstid ved sit fravær. Denne videnskabelige mangel forsøg-
te jeg i al beskedenhed at råde bod på i mit bachelorprojekt ved
religionsvidenskab, afleveret i sommeren 2016, hvor den kyndige
Tim Rudbøg fungerede som vejleder. Artiklen her fremstår som
en lettere omskrivning af dette resultat.

Med et håb om, at der ville være kildemateriale nok til at
afdække perioden, kastede jeg mig derfor over opgaven med den
tro, at jeg kunne tilføje noget til forskningen i dansk esotericisme i
studiet af forholdet mellem religion og naturfilosofi i Danmark.

Hvordan retssagen mellem Ehm og Hocqaurt endte, hvorfor en norsk præst og kvindebedårer blev undersøgt af selveste kongen og hvorfor grønlandsapostlen Hans Egede og oplysningstænkeren Ludvig Holberg overhovedet er relevante i forbindelse med alkymi i Danmark, vil du vide meget mere om efter endt læsning. God fornøjelse.

Alkymiens tankegods

Indenfor forskningen i Western Esotericism er alkymi reelt en paraplybetegnelse der omhandler forsøg på en forædling af enten indre åndelig eller ydre fysisk karakter. Denne forædling baseres overordnet på hermetiske principper omkring en uløselig sammenhæng mellem mennesket, Gud og kosmos[2]. Metaltransformation, overgangen fra uædle til ædle metaller, er en betydelig del af disse tanker, og det er netop det hermetiske alkymistiske guldmageri der undersøges nærmere i denne artikel.

Den europæiske alkymi har oprindeligt sine rødder i egyptiske tankesystemer fra det 3. årh. f.v.t. der via grækerne og senere araberne spredte sig til Sydeuropa. En af de kendte arabiske alkymister var Abu Bakr Muhammad ibn Zakariyya (825-925), bedre kendt som Razi. Han forstod alkymi som transmutation af sølv eller guld ved hjælp af eliksirer. Han mente desuden, at man kunne forbedre almindelige krystaller til værdifulde ædelstene som smaragder og rubiner[3]. Igennem lærde arabiske mænd som Razi fandt alkymien i løbet af højmiddelalderen vej til de højere læreanstalter i det katolske Europa[4], og i renæssancen oplevede alkymien en endnu større opblomstring, da Marsilio Ficinio i 1471 oversatte *Corpus Hermeticum*. Disse skrifter skulle ifølge traditionen stamme fra den egyptiske magus Hermes Trismegistos, den tre gange store Hermes, og indeholde en svunden indsigt i blandt andet alkymi.[5]

Skrifterne fik enorm betydning, da de relancerede tanker om-

---

[2] *Broek og Brach*, Dictionary, vi-xiii
[3] *Broek og Brach*, Dictionary, 29
[4] *Broek og Brach*, Dictionary, 10
[5] Goodrick-Clarke, *Western Esoteric Traditions*, 36

Alle Guldmagere ere Bedragere, og du er en Nar, hahaha! - Om holdninger til alkymi i Danmark ca. 1700-1800

kring den uløselige forbindelse mellem Gud, kosmos og menne-
sket, hvor alt er sammenhængende og udgår fra det éne princip,
Gud[6]. Ideen var, at tilhængerne, adepterne, skulle tilbede den ene
Gud som kilden til al eksistens og på længere sigt forenes med det
guddommelige. At verden var et billede på Gud, var en inspiration
fra de neoplatoniske tanker omkring ideernes og fænomenernes
verden, hvor fænomenernes verden blot var en refleksion af ideer-
nes evige form i Gud[7]. En del alkymister fokuserede på baggrund
heraf, på opdagelsen af Filosoffernes eller De Vises Sten, en eliksir
der var helt afgørende for metaltransformationen fra uædle til
ædle metaller. Igennem opus magnus, det store arbejde, var ideen
at reducere en substans til prima materia, den perfekte førsteform.
Denne substans eller materie var Filosoffernes Sten og ved at til-
føje denne til uædle metaller, der blev betragtet som syge, ville
Filosoffernes Sten fungere som en art gæringskatalysator hvor
sygdommen blev fordrevet og stenen transformeret til ædelmetal[8].
På denne måde korresponderede makrokosmos, det éne, med
mikrokosmos, alt levende på jorden[9].

Dette var grundlæggende betragtet et teoretisk fællesgods hos
mange af de europæiske alkymister, men hvordan disse tanker
om Filosoffernes Sten, eller De Vises Sten, derfra blev til reelle
fysiske konstruktioner, eller hvorvidt alkymien i virkeligheden
omhandlede en indre åndelig forædling og ikke en konkret fysisk,
var alkymisterne dybt uenige i.

For selvom ordet al-kimiya, fra arabisk, muligvis har en direkte
etymologisk henvisning til guld eller metallegering[10], var alkymi
mere og større end blot metaltransformation[11]. Medicineren Pa-
racelsus (1493-1541) fokuserede i sin iatrokemi på de medicinske
aspekter, og nedtonede den fysiske metaltransformation[12] mens
tyskeren Jakob Böhme (1575-1624) i sin teosofiske bevægelse opfat-
tede metaltransformationen som et symbol for en indre renselse

---

[6]*Broek og Brach*, Dictionary, 559
[7]Goodrick-Clarke, *Western Esoteric Traditions*, 21
[8]*Broek og Brach*, Dictionary, 18
[9]Ibid. pp. 24
[10]Ibid. pp. 16
[11]Ibid. pp. 18
[12]Shackelford, *A Philosophical Path for Paracelsian Medicine*, pp. 13

og forædling komprimeret i en personlig kristendomsforståelse[13]. Disse tanker inspirerede blandt andre tyske pietister og specielt i Halle i 1600- og 1700-tallet, var "alchemistischen, theosophischen... Vorstellungen in Berührung"[14]. I denne periode blev den hermetiske alkymi tillige praktiseret hos Swedenborgianerne[15], i relanceringen af den tyske Rosenkreuzerbevægelse samt i Frimurerlogerne[16].

Alkymiens mange ansigter

Et helt andet aspekt af alkymien er hvad vi kunne kalde for den ikke-vestlige alkymi, for ønsket om at lave guld er bestemt ikke kun et europæisk fænomen. Alkymi hører i den religionsvidenskabelige forskning som bekendt til under feltet Western Esotericism, men det kan diskuteres, hvilket det da også bliver, om ikke præfikset "Western" burde fjernes eller betegnelsen i det mindste modificeres. For der har igennem historien eksistereret et utal af esoteriske retninger verden over, og mange af disse har haft en indbyrdes indflydelse. I forbindelse med alkymi, i forståelsen at skabe fysisk guld, har det blandt andet været en del af tankegodset i både Sydøstasien men også i Mellemøsten og Egypten i lang tid efter de hermetiske tekster i hellenistisk tid blev spredt til Sydeuropa. Mircea Eliade nævner således i et af sine mange værker om indisk filosofi og religion, at de oprindelige indiske yogier var tænkt som udøvere der besad overmenneskelige evner. Dette indebar blandt andet, at de kunne gøre sig selv usynlige og svæve, men også omdanne ethvert metal til guld ved at gnubbe genstanden i egne ekskrementer og urin[17].

En anden forståelse af alkymi finder vi blandt andet i Mellemøsten og her inspireret af planteriget. I en brevkorrespondance med Oluf Gerhard Tychsen, en tysk lærd i orientalske sprog, fortæller Carsten Niebuhr i 1785, hvordan han i forbindelse med ekspeditionen til det lykkelige Arabien, stødte på en anderledes form

---

[13]Goodrick-Clarke, *Western Esoteric Traditions*, pp. 91
[14]Brecht, *Der württembergische Pietismus*, pp. 238
[15]Kragh, *Natur, Nytte og Ånd*, pp. 180
[16]Goodrick-Clarke, *Western Esoteric Traditions*, pp. 125
[17]Eliade, *Yoga – Immortality and Freedom*, pp. 280

Alle Guldmagere ere Bedragere, og du er en Nar, hahaha! - Om
holdninger til alkymi i Danmark ca. 1700-1800

for alkymi. I marts 1763, i Beit el-Fakih i det nuværende Yemen,
mødte ekspeditionen ifølge Niebuhr en rig sheik der påstod at
kende en plante, der kunne lave alle genstande til guld. Peter
Forskål, ekspeditionens ihærdige botaniker, var meget interesseret
i planten, men der nævnes i brevet desværre intet om, hvorvidt
de fandt planten eller hvilken plante der var tale om[18].

Blot for at opsummere er det vigtigt at holde sig for øje, at
alkymi inkluderer et mangefold af forståelseshorisonter og prakti-
ske foranstaltninger, og bestemt ikke er noget der er forbeholdt en
vestlig tradition.

Som bekendt vil jeg dog udelukkende behandle hvad jeg, i
mangel af bedre, vil kalde for den europæiske alkymi baseret
på ideen om guldmagerkunsten og holdningerne til denne i det
danske kongerige i oplysningstiden.

Clios hjælpende hånd – et kildemateriale der åbnede sig

Inspireret af den franske filosof Michel Foucault og hans huma-
narkæologiske studie af skiftende tiders epistemekonstruktioner
og dermed bestemmelser af og afgrænsninger for sand erkendelse,
forsøger denne artikel på samme vis at grave sig ned til tidens
tanker omkring alkymi. Epistemets rum eller felt, den dynamiske
forståelse af sand viden, som i virkeligheden ifølge Foucault altid
er en illusion, får sin autonomi fra dels det enkelte menneskes
meningsgivende praksis, men også fra såkaldte dispositiver, som
fx socioøkonomiske, tekniske, politiske og kulturelle praksisser og
institutioner[19].

Derfor vil mit humanarkæologiske arbejde også inkludere en
løbende inddragelse og diskussion af den historiske institutionelle
og kulturelle udvikling for forsøgsvist at rekonstruere periodens
divergerende holdninger til alkymi og for at kortlægge, hvilke
faktorer der var udslagsgivende for, at det netop var disse holdnin-
ger der var de herskende, de såkaldte "sande". Projektet bygger
derfor på et bredt indsamlet og i karakter yderst forskelligartet
kildemateriale.

---

[18]Lohmeir, Mit Carsten Neibuhr im Orient, pp. 244
[19]Heede, Det tomme menneske, pp. 68-70

I begyndelsen af projektet tvivlede jeg gevaldigt på, hvorvidt det overhovedet var muligt at grave nok kildemateriale frem til at foretage dette humanarkæologiske studium. Der var, som nævnt indledningsvist, stort set intet skrevet om dansk alkymi i denne periode, og derfor var kildematerialet yderst sparsommeligt. Men snart tog Clio, historiens forløsende muse, mig ved hånden og ledte mig ad rette vej. Ved at nærlæse utallige avisartikler, satiriske skrifter og boganmeldelser fra perioden, samt ved at undersøge kildegrundlaget for forskellige historiske afhandlinger fra 1800-tallet i rigsarkivets gemmer, udfoldede der sig snart en overdådig rigdom af kildemateriale der løftede projektet, og samtidig gjorde mig opmærksom på, hvilken hidtil overset guldgrube der gemte sig i emnet.

Det enorme materiale opdeltes i to overordnede kildekategorier; de utrykte kilder fra perioden 1700-1754 samt diverse publicerede værker for perioden 1680-1797. Tematisk dækker kilderne avisartikler, boganmeldelser, dagbøger, atlas, optegnelser over biblioteksbøger, censursager, konfiskerede dokumenter, skøn- og faglitteratur, ordbøger, retssager, breve m.m. Kilderne fra Rigsarkivet er skrevet i gotisk håndskrift, enkelte af disse er på tysk, mens det resterende er dansk trykt gotisk.

Kun få af disse kilder kan betragtes som direkte alkymistiske værker, da jeg ikke kunne opstøve nogle sådanne for pågældende periode. Kun Hans Egede, i sine dagbøger fra 1738, beskriver udførligt selve guldmagerforsøgene og hvilke alkymiske forfattere han var inspireret af. Kildematerialet har derfor, desværre, den åbenlyse begrænsning, at jeg undersøger holdningerne til alkymi i Danmark uden at inddrage direkte alkymistiske værker. Dette faktum burde dog ikke betyde noget afgørende for selve den undersøgte problemstilling, da jeg primært undersøger tidens, hovedsageligt de uddannedes, overordnede holdninger til alkymi og alkymister.

Størstedelen af kilderne har aldrig tidligere været benyttet i akademisk religionsvidenskabelig sammenhæng, og de kan derfor bidrage til at udvide vores forståelseshorisont på et relativt uudforsket område af dansk religionshistorie.

Historiografien - alkymi er daarskab

Et andet formål med artiklen er desuden, at nuancere synet på
alkymi og den rolle alkymien har fået som en art falsk pseud-
ovidenskab. Som nævnt, og som jeg vil uddybe senere, stammer
denne tilnærmelsesvise stigmatisering af alkymien fra det nye
videnskabsideal der opstod i slutningen af 1700-tallet. Men i løbet
af 1800-tallet vendte flere store tænkere, deriblandt den interna-
tionalt anerkendte H. C. Ørsted, tilbage til ideer og tankegods
omkring altings sammenhængskraft og udspring fra det éne prin-
cip. Det kom blandt andet til udtryk i den store fysikers sidste
værk, "Aanden i Naturen" fra 1850-1851, der var et sent resultat af
hans totalanskuelse af fornuften som allestedsnærværende i natu-
ren og som et resultat af Guds vilje og tanke. Det var ikke tanker
der var populære på det tidspunkt, men det er dog interessant,
at de stadig blev holdt i hævd og blev relanceret i indre åndelig
forstand hos senere Helena Patrona Blavatsky og i psykoanaly-
tikeren Carl Gustav Jungs fascination af alkymiens lighed med
individualiseringsprocessen[20].

Med positivismens naturvidenskabelige gennembrud blev al-
kymien og deslige dog for størstedelens tilfælde kasseret og stig-
matiseret som latterlige "videnskaber", en tendens der allerede
var på vej fra slutningen af 1700-tallet.

Dette kan blandt andet ses i den danske historiografi indenfor
området. Historikeren Erich Werlauff skrev således allerede i 1843,
før positivismens gennembrud, at alkymien var en ren "Daar-
skab"[21] og en "Daarlighed"[22] der derfor passede sig perfekt til
satirisk latterliggørelse. Det er i den forbindelse ret komisk, at det
netop var Werlauffs artikel med sine mange udførlige henvisnin-
ger til primærkilderne, der gjorde det muligt for mig at optrevle
og påbegynde min egen kildeindsamling til nærværende projekt.

I bedste positivistiske ånd skrev kemiker Svend Møller i 1903 i
Om Alkymi – En forkortet Gengivelse af nogle Foredrag, at alkymi
var en falsk videnskab funderet på forkerte deduktionsprincipper,

---

[20] *Broek og Brach*, Dictionary, pp. 47
[21] Werlauf, Historiske Antagelser, pp. 169
[22] Ibid.

overtro samt "mærkværdige Forestillinger"[23]. Først med induktionsprincippet i det 17. århundrede udvikledes ifølge Møller den "virkelige Videnskab"[24] og ikke overraskende afsluttes værket med konklusionen, at alkymien ikke har bidraget særlig meget til kemien[25]. Modsat Møller var zoologen August Fjelstrup, der i værket *Guldmagere i Danmark i det XVII. Aarhundrede*, var væsentlig mere positivt indstillet over alkymien. Han begynder hele sin gennemgang af alkymihistorien med at nævne, at alkymien var "Grunden til den videnskabelige Kemi"[26]. Fjelstrups åbne tilgang til alkymien var dog ikke særlig udbredt.

Vi springer hastigt frem til nutiden og videnskabshistoriker Helge Krag. Han har, som redaktør og til dels forfatter på de to første bind af en serie på i alt fire om dansk videnskabshistorie, gentagne gange behandlet emnet alkymi, blandt andet i forbindelse med Tycho Brahe, Ole Borch og Hans Egede. Helge Krag er myreflittig og en imponerende dygtig både forsker og formidler. Der er således ingen tvivl om, at der historiografisk betragtet er sket meget på de mellemliggende 100 år. Men Krag begår for mig at se den fejl, at han hovedsageligt behandler alkymien som et naturvidenskabeligt anliggende og kun som noget enkelte lærde igennem tiden har praktiseret. Derfor studeres den mere generelle holdning til alkymi ikke særlig udførligt i disse artikler.

Alkymi og kemi

Det er anakronistisk, at tale om naturvidenskab og naturvidenskabsmænd i 1700-tallet, da den betydning vi tillægger disse betegnelser i dag, først opstod i midten af 1800-tallet[27]. Man benyttede ganske vist sporadisk termen "videnskab" fra sidste halvdel af 1600-tallet, men da kun som synonym for et kendskab til noget i al almindelighed[28]. Af samme grund benævner jeg datidens videnskab naturfilosofi og dyrkere af denne for naturfilosoffer. En

---

[23]Møller, *Om Alkymi*, pp. 21
[24]Møller, *Om Alkymi*, pp. 6-7
[25]Møller, *Om Alkymi*, pp. 26
[26]Fjelstrup, *Guldmagere i Danmark*, pp. 1
[27]Rudbøg, *The Academic Study of Western Esotericism*, pp. 98
[28]Fink-Jensen, *Fornuften under Troens Lydighed*, pp. 28-29

af disciplinerne indenfor naturfilosofien var kemien, også kaldt
alkymi. Indtil sidste kvartal af 1700-tallet blev kemi og alkymi
nemlig forstået som to overlappende begreber[29].

Hvis man således slår ordet "Alkymist" op i embedsmanden
Mathias Moths (1649-1719) danske ordbog fra begyndelsen af
1700-tallet, defineres en sådan som "metalkonstner, en distiller,
Chymicus"[30]. Moth har intet opslag for Chymicus, men derimod
for Gimist, en nu forældet version af ordet kemist[31], hvortil der
som forklaring simpelt anføres "en der forstår sig på Gimikon-
sten"[32].

Moths ordbog er enestående i internationalt perspektiv, da den
indeholder det folkelige talte sprog og derved giver et fremra-
gende indblik i tidens sprogbrug. Som det fremgår af opslagene,
skelnede man på dette tidspunkt tilsyneladende ikke mellem alky-
mi og kemi. I det lærde miljø var tendensen den samme. Professor
Ole Borchs (1626-1690) populære Conspectus chemicorum fra 1697,
var således en gennemgang af alkymihistorien.

I 1771 udkommer dog en dansk oversættelse af det franske
trebindsværk Chymisk Dictionnaire, der var den første af sin slags
i Danmark. Under ordet "Alchymie" står der ganske enkelt "see
Guldmagerie"[33]. Under "Guldmagerie" står der videre "Alchy-
mist... Man kalder saaledes dem som paastaae, at have fundet
den philosophiske Steens Hemmeligheder"[34], og "Guldmager-
kunsten... De rette Chymister ansee Alchymien som en indbildt
Videnskab"[35]. Det nævnes endvidere, hvordan "Chymien er og
bleven kaldt den Hermetiske Philosophie"[36], men at sidstnævnte
følgelig ikke udgjorde "en Videnskab"[37].

Der sker tydeligvis et skred i opfattelsen af alkymi og kemi

---

[29]Hanegraff, Esotericism and the Academy, pp. 203
[30]Det Danske Sprog- og Litteraturselskab, Moths Ordbog
[31]Det Danske Sprog- og Litteraturselskab, Ordbog over det danske sprog 1700-
1950
[32]Det Danske Sprog- og Litteraturselskab, Moths Ordbog
[33]Aphelen, Chymisk Dictionnaire, pp. 44
[34]Ibid. pp. 607
[35]Ibid. pp. 608
[36]Aphelen, Chymisk Dictionnaire, Fortalen
[37]Ibid.

i denne 70-årige periode, hvor alkymi udskilles fra kemien og udelukkende beskrives som guldmageri. Men i overgangsfasen kan det være besværligt at afgøre distinktionen netop fordi der ikke eksisterede fastlagte definitioner. De var i højere grad sammenvævede tankemønstre der ofte opererede med samme eksperimentelle og til dels teoretiske forståelse[38]

Da jeg ønsker, at undersøge holdningerne til alkymi i religionshistorisk perspektiv, fokuserer jeg hovedsageligt, dog ikke udelukkende, på den alkymi der kunne indikere en mere bevidst brug af tanker fra hermeticismen. I denne artikel undersøges som nævnt den metaltransformative alkymi, der havde en metalforædling fra en given materie til guld, som formål.

De hermetiske kendetegn ved alkymien

En alkymi indenfor hermeticismen havde ofte et hemmeligt sprogbrug og allegoriske fremstillinger lånt fra enten plante- eller dyreriget. Der var ofte dialoger mellem antikke filosoffer eller engle, der optrådte parabler, der var henvisninger til astronomi, egyptisk, græsk eller romersk mytologi. Der benyttedes ofte aritmetik eller geometri hvor tallene og formerne tillægges specielle værdier eller egenskaber. Hvis disse indikatorer optræder, er der med stor sandsynlighed tale om en alkymi, der er direkte placeret i hermeticismen[39]. I europæisk alkymi var der desuden ofte henvisninger til kristen symbolisme eller brudstykker af teologiske dogmer. Der var fx ofte tale om død, genopstandelse, glorificering og ofte referencer til bibelske tekster eller kirkelig liturgi. Ilden eller stenens kraft til at rense og forædle metaller relateres af nogle alkymister til Kristi frelse af mennesket. For på samme vis som dogmerne foreskrev, at Gud ofrede sin søn Jesus og at denne derved rensede menneskeheden fra dens arvesyndige natur, udrenses metallernes urenheder ved et offer og opnår dermed en tilbagevenden til den perfekte førsteform. Ofte fremhævede tidligere alkymister også hvordan de var afhængige af Guds nåde og guddommelige indgri-

---

[38]Broek og Brach, *Dictionary*, pp. 15
[39]Broek og Brach, *Dictionary*, pp. 38

ben hvis de skulle have succes[40]. Det sidste var specielt vigtigt, for
indenfor en naturfilosofisk disciplin som alkymi, kunne allegorier-
ne og symbolismen til tider ligge besnærende tæt op af kætterske
tanker.

Artiklens overordnede struktur

Grundet kildernes omfang og forskelligartethed har jeg fundet det
formålstjensteligt, at inddele dem i to overordnede grupperinger
baseret på indhold. Én der omhandler den statslige holdning, hvil-
ket kildemæssigt indbefatter beslaglæggelser, censurlovgivning,
lovgivning generelt og kilder til hofalkymi, og én der omhandler
den lærde og offentlige holdning, i hvilken jeg inkluderer private
breve, avisartikler, ordbogsopslag, komedier, skøn- og faglitterære
værker og des lige. Begge kategoriseringer er typologier, analyti-
ske betegnelser, hvorfor der vil være overlappende holdninger og
flere kilder kan betragtes som et udtryk for begge grupperings
holdninger.

De lærde og offentlige holdninger er bevidst behandlet under
ét. Dette skyldes, at det i samtiden hovedsageligt var de lærde
der deltog og ofte var katalysatorer i den offentlige debat, som fx
Ludvig Holberg og biskop Erik Pontoppidan, samt at disse, i mod-
sætningen til lærde mænd i statens tjeneste, oftere repræsenterede
egne standpunkter.

Kildematerialet opdeles i to perioder, konstrueret på baggrund
af samtidens generelle udvikling indenfor filosofi, teologi, naturfi-
losofi samt tilhørende dispositiver.

Den første periode omhandler tiden fra ca. 1700-1750, imens
den sidste omhandler perioden ca. 1750-1790. Begrundelsen for
opdelingen vil løbende blive inddraget i diskussionen og hovedfo-
kuset vil ligge på den første periode, da kilderne hertil kvantitativt
som kvalitativt var de bedst egnede.

---

[40]Broek og Brach, *Dictionary*, pp. 14

Holdningerne til alkymi ca. 1700-1750 De lærde og offentlige holdninger

Éen Chymisk Operation

Den 4. september 1700 indstævnede guldsmeden og assessor Heinrich Ehm (ca. 1640-1710) som bekendt fødselslægen Christian William Hocquart (1668-1715) for Universitetets øverste juridiske organ, Københavns Konsistorium. Som fødselslæge og derfor tidligere immatrikuleret ved Københavns Universitet, tilhørte Hocquart det akademiske samfund med de privilegier det måtte medføre, blandt andet at retssager blev ført ved denne lærde instans[41]. Dette blev startskuddet til den famøse og næsten 9 måneder lange retssag.

Det er til en begyndelse værd at bemærke, at der i denne retssag ikke optræder nogle tydelige referencer til hermetisk alkymi, men hele affæren er dog alligevel interessant, da den eksemplificerer den generelle både juridiske og universitære holdning til alkymien. Af samme grund vil sagsakterne ganske kort blive opsummeret.

Henrich Ehm anklager Hocquart for at bryde en kontrakt "angaaende Éen Chymisk Operation hand hannem hafder Lært"[42]. Ehm påstår, at have lært Hocquart "en ret forvandling af sølf til guld, saa' bemeldte sølf aldrig skulde skillis igien en natura fra guldet"[43], og kræver sin aftalte betaling, 600 rigsdaler, for denne ydelse. Hocquart nægter imidlertid, da han ikke selv har haft succes med opskriften. Selvom Ehms fuldmægtige fremviser flere "forseglede Prøfver af Gulded" er dette dog ikke nok til at overbevise forsamlingen af professorer om Ehms guldmagerevner. Retssagen bølger frem og tilbage men den 18. december bliver der afsagt en "interlocutorii dom", et diplomatisk kompromis. Ehm får 8 uger til at gentage sine "fornøielige Prøver" under opsyn af rettens mænd "der Prøvernes Rigtighed kan bekræfte"[44].

---

[41] Matzen, *Kjøbenhavns Universitets Retshistorie*, pp. 309, 318
[42] Københavns Universitets Konsistorium, *Justitsprotokol 1691-1715*, pp. 186
[43] Ibid. pp. 199
[44] Ibid. pp. 191-192

Tilsyneladende har Ehm dog også sine problemer med opskriften, for guldet udebliver. Den 12. marts indgiver Hocquarts fuldmægtige en advarsel "tillige med Probermesterens Attest"[45], men først den 7. maj 1701 falder der en afgørelse i denne "omtvistede Videnskab"[46], som alkymien benævnes på dagen for domsfældelsen. Ehms anklage frafalder da hans guldprøver ikke beviser hvad han i kontrakten har lovet at lære Hocquart, men Hocquart skal dog tilbagelevere de "Chemiske Instrumenter" som han "hafver brugt til at fuldfærdige de omtvistede guldprøver med"[47].

Den lovlige og accepterede alkymi

Der er mange interessante aspekter i denne retssag. For det første er det bemærkelsesværdigt, at guldmageriet overhovedet var lovligt i Danmark. Ifølge Danske Lov fra 1683, 6. bog, kap. 28:§1, skal den der "smelter falskt Guld eller Sølv" have hånden hugget af[48]. Videre står der i §3 sammesteds, at en person skal straffes, hvis han forsøger at sælge guld eller sølv der ikke bliver godkendt af "Myntemester, eller Guldsmid, eller en anden Mand, som derpaa kand skiønne"[49]. I samtlige anvendte kilder, er der aldrig henvisninger til eller bemærkninger omkring, hvorvidt det skulle være lovligt eller ej at fremstille sit eget sølv eller guld. Det alkymistisk fremstillede guld må derfor, til trods for at Ehms guldprøve ikke blev godkendt af probemesteren, ikke være at regne som falsk guld, eller møntfalskneri, men falde i en anden accepteret kategori der selv ved fejlslagne guldfremstillinger ikke indebar juridiske restriktioner. Dette på en tid, hvor ellers ikke så få møntfalsknere offentligt blev lemlæstet eller endog henrettet for deres forbrydelser mod kongens mønt[50]. Endvidere er det interessant, at guldmageriet ved domsfældelsen kaldes for en "omtvistelig Videnskab", altså en videnskab om hvilken man kan så tvivl. Det er som nævnt besværligt at afgøre,

---

[45]Ibid. pp. 197
[46]Ibid. pp. 200
[47]Ibid. pp. 199
[48]Justitsministeriet, *Danske Lov*, 6. bog, kap 28:§1
[49]Justitsministeriet, *Danske Lov*, 6. bog, kap 28:§3
[50]Stensgaard, *København – folk og kvarterer*, pp. 73

hvad der menes med videnskab på dette tidspunkt, men under alle omstændigheder sporer vi tilsyneladende allerede her en mistro overfor alkymien, eller i hvert fald overfor det alkymistiske guldmageri. Men guldmageriet kan dog ikke have været betragtet som decideret dårlig videnskab, som en pinlig affære for de implicerede, eller som religiøst eller vidensmæssigt kompromitterende. I så fald ville alkymisten Heinrich Ehm næppe have lagt sag an i første omgang. "Præstentibus" ved domsfældelsen var desuden nogle af de fremmeste professorer ved Universitetet, blandt andre den internationalt anerkendte naturfilosof Ole Rømer (1644-1710) og flere medlemmer af den famøse, kyndige Bartholinslægt[51], og domsafgørelser i Konsistorium blev altid underskrevet og et uddrag indleveret til Danske Kancelli[52]. Havde guldmageriet været kompromitterende, havde Ehm næppe kunnet fortsætte som assessor eller Christian W. Hocquart som fødselslæge i København. Hocquart var endog en yderst populær læge og blev senere medlem af den i 1713 nedsatte kommission til ordningen af det danske jordmodervæsen, der førte til den første jordmoderlov året efter[53].

Det Arabiske Pulver, 1723

Ludvig Holberg betragtes som en både lærd og offentlig stemme i og med, at mange af hans tanker blev publiceret eller dramatiseret i samtiden. Ifølge Holberg-forskere, er Holberg et udtryk for tidens dannede og intellektuelle europæer[54] og blandt andre filosof Carl Henrik Koch mener, at Holberg kan betragtes som Danmark-Norges betydeligste forfatter i 1700-tallet[55].

I Det Arabiske Pulver fra 1723 affyrer Holberg en bredside mod alkymien. Vi følger i komedien den hærdede bedrager Oldfux der tidligere har fungeret som både profet og "I Cøln... agerede jeg Stiernkiger, i London en Guldmager"[56]. Oldfux mener, at guldmagerkunsten kan læres af alle, da den kun "bestaar... i en Ringe

---

[51]Københavns Universitets Konsistorium, *Justitsprotokol 1691-1715*, pp. 189
[52]Matzen, *Kjøbenhavns Universitets Retshistorie*, pp. 208
[53]Ingerslev, *Danmarks Læger og Lægevæsen*, pp. 57-58.
[54]Teilmann og Sivertsen, *Ind i Holbergs fjerde århundrede*, pp. 10
[55]Koch, *Dansk Oplysningsfilosofi*, pp. 209
[56]Holberg, *Det Arabiske Pulver*, pp. 358

Videnskab og nogle smaa Ceremonier"[57], og i København overbe-
viser han Polidor, en fejlslagen autodidakt alkymist der i ti år har
forsøgt sig udi guldmageriet, om sine guldmagerevner. Dette gør
han blandt andet ved konstant at tale i hjemmestrikkede arabiske
vendinger og ved at fortælle om den arabiske mester Albufago-
mar=Fagius. Ved hjælp af Det Arabiske Pulver, et hjemmelavet
pulver som Oldfux får Polidor til at købe af en medsammensvoren,
formår han at skabe kviksølv om til guld i Polidors laboratori-
um. Til selve processen skal Polidor koge "Mericurius", tilsætte
pulveret og fremsige en hemmelig arabisk remse overleveret fra læ-
remesteren. Kort efter er resultatet det skinnende guld og Polidor
er ovenud lykkelig. Oldfux modtager sine 4000 rigsdaler og væk er
han. Huset fyldes pludselig med lovprisende gæster, høj som lav,
indtil faskneriet gennemskues. En kløgtig poet opdager snart, at
den arabiske remse, sagt bagfra, lyder "Guldmagere ere Bedragere,
og du en Nar!"[58]. Polidor latterliggøres og opgiver nedslået guld-
mageriet idet han indser, at det eneste guldmageri nogensinde har
bragt ham og andre er fattigdom: "Jeg vil aldrig befatte mig mere
med Guldmageri, men overlade det til min største Fiende"[59].

Et offentligt kendskab

Det Arabiske Pulver var ikke Holbergs mest populære i samti-
den. Men stykket blev dog spillet, om end få gange[60], og emnet
"overtro" var ikke nogen fremmed tematik for Ludvig Holberg
der skrev flere komedier i perioden med samme omdrejnings-
punkt[61][62].

Det er interessant, at Holberg fremviser et grundlæggende
kendskab til dele af alkymiens hermetiske traditioner, såsom tryl-
leformularen, det røde pulver der kan betragtes som Filosoffernes
Sten og afbenyttelsen af kviksølv, mercurius, som materie. Der er

---

[57]Ibid. pp. 359
[58]Ibid. pp. 378
[59]Ibid. pp. 379
[60]Roos et al., *Holberg Comoedierne og De Populære Skrifter*, pp. 635
[61]Lausten, *Danmarks Kirkehistorie*, pp. 189
[62]Der kan fx nævnes *Hexeri eller Blind Alarm* (1723) eller *Uden Hoved og Hale*
(1725)

tillige aritmetiske træk idet remsen skal læses højt ud i rummet tre gange mens kviksølvet koger. Derudover benyttes der et arkant sprogbrug, da Oldfux konstant taler i selvgjorte arabiske sentenser og selve formularen påstår Oldfux på samme vis er en ældgammel magisk trylleformular nedarvet fra en arabisk læremester. Hermed udstiller Holberg den påståede guldmager Polidor som en eklatant amatør, der til trods for, at have studeret "de allerbedste Authores"[63] indenfor alkymien i over ti år, ikke kan kende forskel på volapyk og reelt arabisk. Samtidigt får Holberg pointeret, at fremmede sprog, som arabisk og hebraisk, ofte blandt alkymister var betragtet som sproglige systemer der indeholdte en art hemmelig forbindelse til, eller skjult viden om, det ene princip[64]. Af samme grund var disse to sprog, specielt hebraisk grundet dens forbindelse med jødisk Kaballah og Det Gamle Testamente, ofte grundstammen i de fleste kryptografiske alfabeter[65]. Læremesterens transmission af en hemmelig viden til Oldfux indikerer desuden den individuelle initiationsproces, et gængs træk i hermetiske traditioner, hvor en given indsigt kun kan viderebringes fra mester til lærling[66]. Kviksølv som materie til guldtransformation var desuden en praksis der indenfor hermeticismen kendes tilbage fra middelalderen, blandt andet fra værket Phoenix fra 1399[67] og som et metal af central betydning for Paracelsus' iatrokemi[68].

Når Holberg bevidst vælger at skildre alkymien på denne måde, kan det indikere, at borgerskabet, der udgjorde majoriteten af publikum[69], i almindelighed har haft et grundlæggende kendskab til alkymistiske processer. Holbergs komedier omhandlede stort set altid samtidige samfundsrelevante problemstillinger, og var skrevet således, at de var let genkendelige for publikum. Det er derfor ikke utænkeligt, at Holberg har ment de bedrageriske alky-

---

[63]Holberg, *Det Arabiske Pulver*, pp. 365
[64]Thorndike, *A History of Magic and Experimental Science – Vol. V og VI; Sixteenth Century*, pp. 457
[65]Broek og Brach, *Dictionary*, pp. 291
[66]Goodrick-Clarke, *Western Esoteric Traditions*, pp. 10
[67]*A History of Magic and Experimental Science, During the First Thirteen Centuries of our Era*, pp. 637
[68]Broek og Brach, *Dictionary*, pp. 19
[69]Aarhus Universitet. *Ludvig Holberg: Jeppe på Bjerget*

mister var et decideret samfundsonde på daværende tidspunkt,
og at ikke så få fra det bedre borgerskab reelt var fascineret af
eller endog selv praktiserede alkymi.

Holberg tog dog ikke religiøst afstand til alkymien, som han
omvendt gjorde det med samtidens deisme, der delvist eller fuld-
stændigt afskrev åbenbaringen eller den franske materialisme, der
beskrev mennesket som sjælløs mekanik[70]. Holberg var derimod
inspireret af samtidens wolffianisme, en eklektisk systemtænk-
ning udviklet af den tyske filosof og matematiker Christian Wolf
(1679-1754), der forenede diskussionerne omkring den rationelle
naturlige teologi, med fokus på fornuften, og den bibelske åben-
barede teologi, der fokuserede på skrifterne og forudsatte troen.
På baggrund af denne opstod en naturteologi, hvor fornuften, via
observationer og målinger af naturen, kunne benyttes som bevis
for Bibelens påstand om Guds skaberværk og eksistens[71]. Holberg
havde generelt ikke meget tilovers for metafysiske spekulationer,
men kunne disse anvendes naturteologisk, var de at betragte som
både fornuftige og nyttige[72]. Sandsynligvis tog Holberg derfor
afstand fra alkymien, da den for ham at se, nok hverken appelle-
rede til en dybere forståelse af Guds skaberværk i naturteologisk
perspektiv eller til fornuften, grundet dens metafysiske karakter
og da han samtidigt mente, at alkymien gjorde naive, begærlige
fjolser til lette ofre for snedige svindlere.

Hvem var alkymisten? En kort sociologisk betragtning Holberg
har fat i en interessant religionssociologisk pointe, og hvorvidt det
så var hensigten, eller blot et udtryk for tidens kønsrolleforståelse,
er det svært at sige noget om, men de implicerede alkymister i
Det Arabiske Pulver er alle mænd. I relation til 1600-tallets jagt
på trolddomsudøvere er det til sammenligning interessant at se,
at troldfolk i Danmark, og Europa generelt, hovedsageligt var
kvinder over 50 år[73]. De fleste var gifte og de der var enker kunne
ligeså vel tilskrives denne samfundsstilling grundet deres relativt
høje alder. Der var flere årsager til, at kvinder som regel var gamle

---

[70]Koch, *Dansk Oplysningsfilosofi*, pp. 15, 32
[71]Koch, *Dansk Oplysningsfilosofi*, pp. 16-18
[72]Kragh, *Natur, Nytte og Ånd*, pp. 41-42
[73]Johansen, *Da Djævlen var ude*, pp. 60

før de blev dømt. En af disse var, at det tog lang tid at opbygge et rygte som trolddomskyndig[74]. De var som regel fra de lavere samfundslag og kun én adelskvinde i Danmark er nogensinde blev dømt og brændt som heks, Christenze Axelsdatter Kruckow i 1580'erne[75].

Der er, så vidt jeg er orienteret, ikke foretaget religionssocio-logiske undersøgelser af alkymister i Norden, men det kunne til sammenligning være et oplagt og interessant studium. Baseret på kendskabet til flere alkymister i 1500-, 1600-, og 1700-tallet og disses sociale stand, vil mit forsigtige bud være, at den gennem-snitlige alkymist var en veluddannet og kapitalstærk mand fra adelstanden eller den borgerlige overklasse, da de alkymistiske værker ofte krævede dygtige læse- og matematikfærdigheder ud-over det sædvanlige, og da det samtidigt krævede en virkelig solid økonomi at bedrive alkymi. I fremtidige studier i hermeticisme kunne det være meget interessant, hvis nogen kastede sig over at kombinere det religionshistoriske og religionssociologiske i et nærmere studium af dansk alkymi.

Alchymist, Altingmist

Holberg trækker i komedien på en allerede veletableret borger-lig opfattelse af alkymien som den direkte vej til fattigdom. Den danske filolog Peder Syv (1631-1702) beskrev i værket Aldmin-delige Danske Ord-Sproge og korte Lærdomme fra 1680'erne, således alkymi i vendingen "Alchymist, Altingmist"[76]. Den sam-me latterliggørelse af alkymien kan også findes i den populære samfundsrevsende avis Den Danske Spectator fra 1744-1745. Heri står det blandt andet om alkymister og "Medici'er", at.

"de søge at giøre sig renomerte og recommenderte ved at afleg-ge sel de prægtigste Vidnesbyrd om deres Færdighed i Konsten; snart rose de sig at at have opfundet et Aurum potabile eller drikkeligt Guld..."[77]

---

[74]Johansen, *Da Djævlen var ude*, pp. 65
[75]Ibid.
[76]Siv, *Almindelige Danske Ordsproge*, pp. 170
[77]Ries, *Den Danske Spectator*, pp. 83

Og videre, i samme avisartikel, fortsætter redaktøren Jørgen
Ries' nedsablingen af alle alkymister og kalder dem nogle snyde-
tampe der påstår at kunne udføre mirakler, men som i virkelighe-
den blot udnytter alle de gerrige bedsteborgere som er slaver af
guldet[78].

Og skal man tro nyhedsindholdet i samtidens forskellige aviser,
var der en hel del der på Holbergs og Ries' samtid blev forført
af ideen om en guldopskrift. I avisen Nye Tidender om lærde
og curieuse Sager fra 1723, anmeldes der et fransk alkymistisk
værk der fortælles at indeholde megen nyttig viden om blandt
andet "Metallerne/hvorledes Qvægsølv og Blye kand forvandles
til Søælv/ og dette igen til Guld"[79]. Det var helt almindeligt
med denne form for boganmeldelser af alkymistiske værker og
op igennem 1600-tallet var øjenvidneberetninger til alkymi og
guldmageri blevet så almindelige, at der opstod en helt ny litterær
genre omhandlende temaet kaldet transmutationshistorie. Blandt
andre den internationalt anerkendte irske-engelske naturfilosof
Robert Boyle (1626-1691) dyrkede denne disciplin[80].

Der var altså en udpræget europæisk, men også dansk interesse
for alkymi og dette kan sandsynligvis betragtes som en del af
tidens generelle offentlige fokus på naturfilosofiens udvikling.

Specielt optiske fænomener, mekaniske installationer samt for-
søg med elektricitet og magnetisme var populære blandt det bedre
borgerskab[81], hvilket blandt andet ses udtrykt i de to danske aviser
Extraordinaire Relation og Extraordinaire Relationer. I Extraordi-
naire Relation fra d. 8. november 1723 hedder det således, at en
vis "Laborateur og Medicinæ Practicus Bakke" har opfundet evig-
hedsmaskinen, Perpetuum Mobile[82]. Fire dage senere i samme
avis fortælles det, hvordan en D. Hally har "observeret en Comete"
og hvordan denne lettest lod sig se igennem et "tubum"[83], en art
kikkert. Denne nyhed suppleres af en illustration på flere sider

[78]Ibid. pp. 83-84
[79]Nye Tidender, pp. 239
[80]Broek og Brach, Dictionary, pp. 47
[81]Langen og Henningsen, Hundemordet i Vimmelskaftet, pp. 131
[82]Extraordinaire Relation, No. 90
[83]Ibid. No. 91

over kometens formodede bane over nattehimlen. I Extraordinaire Relationer et par år senere berettes det om, hvordan en mand i Sverige har opfundet et "Wergrossrungs-Glas", et forstørrelsesglas, der kan forstørre 5.000 gange og til alles morskab kan få et hår til at ligne en hel arm[84].

Naturfilosofi var yderst populær i perioden, omend de naturfilosofiske discipliner ved Universitetet i tiden 1700-1750 var nærmest ikke-eksisterende. Dette skyldes til dels manglende kompetencer, et nedbrændt universitet efter Københavns brand i 1728, og en manglende kongelig interesse[85]. Der var ganske enkelt ingen prestige i naturfilosofien.

Teologisk var tiden præget af en kamp mellem ortodoks lutheranisme og den fremadstormende tyske pietisme, der fra midten af 1730'erne blev statsreligionen i Danmark indtil 1746. Dermed blev tros- og forsamlingsfriheden indskrænket for både radikal- og kirkefjendske pietister[86], mens jøder, specielt de fattige, allerede årtiet forinden var blevet forment bosættelse i København[87]. Under pietismens religiøse nytænkning i 1720'erne, kulminerede desuden antallet af folk der blev dømt for at have indgået en pagt med Djævelen[88], og selvom man årtier forinden havde brændt den sidste heks, var magi og trolddom stadig årsagen til mange straffesager[89].

Den radikalpietistiske alkymist

Der var flere alkymister blandt disse såkaldte religiøse afvigere. I 1742-43 fremsatte den pietistiske biskop Erik Pontoppidan (1698-1764) således en kritik af de herskende religiøse forhold i kongeriget i romanen Menoza. I denne stod særligt radikalpietisten, kirkekritikeren og alkymisten Konrad Dippel (1673-1734) for skud. Dippel var i 1719 blevet dømt til livstid på Bornholm grundet injurier mod en dansk adelsmand, men han fik tilsynela-

---

[84]*Extraordinaire Relationer*, 1725, pp. 48
[85]Kragh, *Natur, Nytte og Ånd*, pp. 43-44
[86]Lausten, *Danmarks Kirkehistorie*, pp. 179-186
[87]Langen og Henningsen, *Hundemordet i Vimmelskaftet*, pp. 127
[88]Krogh, *Oplysningstiden og det magiske*, pp. 129-131
[89]Ibid. pp. 149

dende lov til at agere både læge og alkymist på øen indtil han i
1727 overraskende blev løsladt men landsforvist[90]. Pontoppidan
sammenligner Dippel med "hine hedenske Philosopher"[91] der
med sin alkymi snyder og bedrager og sender andre folks penge
som "Røg igjennem Laboratoriets Skorsteen"[92]. I Pontoppidans
posthumt udgivne Danske=Atlas fra 1767, kritiseredes Dippel
for at portrættere et par nyligt fundne prækristne figurer som
"Ægyptiske Kongers, deels Præsters og Præstinders Efterlignelse,
fornemmelig deres, som tienede i Osiris og Isidis Tempel" hvilket
skyldes de egyptiske tanker som "hensigtede til Guldmagerkun-
stens hemmeligheder"[93]. Hermed sigter Pontoppidan sikkert mod
den fascination mange alkymister havde af den hermetiske tra-
ditions egyptiske rødder, som også Ole Borch havde forsvaret,
og det faktum, at alkymi af kritikerne blev betragtet som en art
hemmelig indsigt for de indviede. Det er dog ikke utænkeligt, at
den primære årsag til kritikken af Dippel skal søges i statspieti-
sten Pontoppidans modstand mod radikalpietisterne og religiøse
afvigere[94]. Alkymien anklages nemlig aldrig for at være religiøst
kompromitterende, men blot for at være bedragerisk. I retssagen
mod Dippel i 1719 indgik dog en pamflet trykt i Amsterdam, hvori
Dippels mulige fiksfakserier blev italesat som blasfemisk. I denne
pamflet betegnes Dippel blandt andre lidet flatterende vendinger
som "Alchymiste, Goldmacher, Atheisten, Epicurer, Indifferenti-
sten"[95]. Specielt de tre sidste anklager var i samtiden graverende,
da Danske Lov fastsatte yderst hårde straffe for gudsbespottelse, i
grelle sager med døden til følge[96].

---

[90]Kofod, *Guldmageren på Hammershus*, pp. 28-30
[91]Pontoppidan, *Menoza*, pp. 157
[92]Ibid. pp. 156
[93]Pontoppidan, *Danske=Atlas*, pp. 227
[94]Lausten, *Danmarks Kirkehistorie*, pp. 184
[95]Tyske Kancelli. Akter i sagen mod kancelliråd J.C. Dippel
[96]Krogh, *Oplysningstiden og det magiske*, pp. 124

Den statslige holdning

Hofalkymisterne

De europæiske kongehuse havde en lang tradition for hofalkymister og ved det danske hof i 1500-1600-tallet, havde blandt andre Tycho Brahe og Peter Payngk været engageret i bestillingen[97]. Efter botanikeren Otto Sperling (1602-1681)[98] var det dog først i 1708, da kongen ansatte "den italienske Greve Grimbaldi"[99], at riget igen fik sin egen hofalkymist.

Ofte var jobbeskrivelserne en blanding af astrologisk, alkymistisk, medicinsk, astronomisk karakter og inkluderede derfor alt fra stjernetydning, viden om urter og syrer til fx fremstillingen af parfumer, porcelæn og ædelmetaller[100]. Ifølge biskop Jens Bircherods (1658-1708) dagbogsnotater, var Grimbaldi dog hovedsageligt ansat til at trække guld ud af de norske sølvminer. Succesen blev imidlertid kort, for allerede måneden efter Grimbaldis ankomst kan vi læse hos Bircherod, at greven d. 16. oktober, "efter Kongl. ordre" havner "i Kiøbenhavns Kastel i Arrest"[101].

I både danske og tyske aviser hører vi 15 år senere om endnu en italiensk ved hoffet engageret alkymist. I Extraordinaire Relation for oktober 1723 kan man læse, at Johan Jacob de Maldini med familie kom hertil "for adskillige curieuse Videnskabers Skyld"[102]. I modparten, Extraordinaire Relationer, nævnes det for d. 4. november at "Maldini allernaadigst [er] bestilt til at være Commerce=Raad"[103]. Maldini har tilsyneladende gjort lynkarriere, for titlen indikerer, at han blev en del af det finansielle styre under enevælden. Maldini underholder ved hoffet, hvor han er meget populær, og ifølge Hamburger Correspondent fra maj 1725, påstår Maldini, at kunne trække guld ud af bly og kreere et stof der kan opløse alle andre stoffer[104]. Pludseligt er Maldini, som Grimbaldi

[97]Kragh, Alkymi og hermetisk kemi, pp. 27
[98]Kragh, Natur, Nytte og Ånd, pp. 310-315
[99]Molbech, Uddrag af Jens Bircherods historisk-biographiske Dagbøger, pp. 540
[100]Kragh, Alkymi og hermetisk kemi, pp. 35
[101]Ibid. pp. 541
[102]Extraordinaire Relation, No. 85, pp. 1-2
[103]Extraordinaire Relationer, November 1723, pp. 368
[104]Werlauf, Historiske Antagelser, pp. 173

før ham, dog væk fra den royale scene og muligvis var kastellet
sidste destination.

Kocku von Stuckrad trækker på Pierre Bourdieu når han be-
tragter hermeticismen som et felt og udøverne indenfor dette felt,
her alkymisterne, som værende i besiddelse af en social kapital i
form af en hemmelig indsigt. En videnskapital der kan formeres
til andre kapitaltilstande, men som også, da kapitalbegrebet altid
er relationelt, implicerer risici for en pludselig devaluering[105]. De
italienske alkymisters sociale kapital var tilsyneladende udløbet
og jobbet som hofalkymist var generelt behængt med store risici
for at falde i regentens unåde. Staten engagerer ikke direkte andre
hofalkymister efter disse uheldige italienere, men den statslige
holdning til alkymien kommer dog også til udtryk på anden vis.

Omstændig og Udførlig Relation, 1738

Den norske teolog Hans Egede (1686-1758) kan betragtes som en
repræsentant for den dansk-norske kongemagt på Grønland, da
han udøvede den teologiske bemyndigelse over kolonien og alle
de udsendte handelsfolk, betjente og indfødte på øen[106].

I sine dagbogsoptegnelser, der blev samlet og udgivet i 1738
med titlen *Omstændig og Udførlig Relation*, beskriver Egede, hvor-
dan han i årene 1718-1720 forsøgte at lave guld i Bergen for at
finansiere det bekostelige missionsprojekt til Grønland. Inspireret
af, hvad der "tales og skrives om den saa kaldede Philosophiske
Steen"[107] læste han i denne periode både Johan Joacim Bechers
Chymischer Rosengarten, Michael Sendivogius *Chymische Schriften*
og Bernhard af Tregos *De chemico miraculo* og forsøgte sig på denne
baggrund med "Guldmagerkonsten"[108]. Men da han var "gandske
uforfaren i Chymien, saavel som Smelte-Konsten", og ikke forstod
de "Hieroglyphiske og forblummede Talemaader" profiterede han
ikke andet end "Skidne Fingre, og dertil nogle Pengers Forliis"[109].

[105]Stuckrad, *Location of Knowledge in Medieval and Early Modern Europe*, pp. 58-59
[106]Petersen, *Mission i Grønland*, pp. 259-261
[107]Egede, *Omstændig og udførlig Relation*, pp. 214
[108]Ibid. pp. 213
[109]Ibid. pp. 214-215

Da Egede kommer til Grønland i 1721 blusser den alkymistiske lyst dog atter op og denne gang forsyner han sig med flere "Chymiske Authores"[110] deriblandt "vores berømmelige Borrichius udi sit *Conspectu Chemicorum*"[111]. På baggrund af Borchs alkymigennemgang, ender Egede med at skaffe sig mere end 60 alkymistiske værker. Efter at have forstået alkymisternes grundlæggende terminologi beslutter han at føre "Theoriam til Praxim"[112] og vælger den materie han mener, er den rette til guldforsøget. Om materien eller hans "Modus procendendi"[113] var fejlagtig ved Egede ikke, men under alle omstændigheder går forsøget helt galt. To hunde og en "Vildmands-Pige"[114] dør da Egede åbner for kolben og en giftgas siver ud i rummet. Egedes guldklump var totalt forandret til en "blyagtig Materie"[115] og det var umuligt for Egede, som han havde håbet, at smelte guldet ud af klumpen igen. Egede konkluderer heraf, at han var tæt på succes, da han ved den "hilospohiske Operation og Process"[116] lykkedes med at omdanne guld til stabilt bly.

Egede begrunder sin manglende succes med, at det "ikke var Guds Villie, at jeg skulde komme til slig høj Videnskab".[117]

Han understreger, at hans forsøg ikke skyldes "Begiærlighed til stor Rigdom og Herlighed",[118] hvilket ry han tilsyneladende godt ved alkymien bærer med sig, men udelukkende et hensyn til de "arme Hedningers Bæste" og for at "beforde Guds Ære"[119]. Egede nævner dog, at han "ikke tvivler paa, at der jo findes dem, som forstaae Philosophorum Chymicorum Skrifter, og deres Opera"[120].

---

[110]Ibid. pp. 215
[111]Ibid.
[112]Ibid.
[113]Egede, *Omstændig og udførlig Relation,* pp. 215
[114]Ibid. pp. 213
[115]Ibid. pp. 215
[116]Ibid. pp. 217
[117]Ibid.
[118]Ibid.
[119]Ibid. pp. 218
[120]Ibid.

Éen Philosophisk Drøm

Herefter følger "Éen Philosophisk Drøm", en hermetisk inspireret
drømmeparabel, på baggrund af hvilken Egede påstår, at have
valgt sin materie og fremgangsmåde. Parablen omhandler en fyrste
der ønsker forening med en smuk men infertil jomfru. Jomfruen
var endvidere fra fyrstens egen slægt og behæftet med en "arvelig
Ureenhed"[121]. Egede optræder i parablen som præst og hans
mission er, at finde en kur så de to elskende slægtninge kan
forenes og blive frugtbare. Forskellige medicier fortæller Egede,
at jomfruen skal bades syv gange i varmt vand, opvarmet syv
gange af en "Saturnisk Brønd" og indtage "Kiærligheds=Drik af
Matis og Veneris hidsige blod"[122]. Efter at "Saturnis Børn"[123] har
hjulpet hende og "Lunæ"[124] nedkølet jomfruen, er hun frugtbar
og virker yderst tiltrækkende på fyrsten. De giftes og forenes i
det "Christalliniske Brudekammer"[125] hvor de forlyster "sig udi
i hinandens Kiærlighed"[126] indtil de udmattede falder om. I det
opstår dog pludselig en sort tyk tåge, brudeparret begynder at
sortne og ligne et "forkuled Aadsel"[127]. Egede åbner døren derind
med det resultat, at de alle var døden nær af røgforgiftning. Han
bekender sine fejl over for "det Philosophiske Collegio"[128] der
straffer ham hårdt, hvorefter han vågner af den "Philosophiske
Drøm"[129].

Dette var en typisk allegorisk måde at fremstille alkymien
på, som blandt andet fremkommer i det klassiske illustrative
alkymiværk *Splendor Solis* fra 1500-tallet[130]. Egede kan have stiftet
bekendtskab med dette hovedværk igennem Borch, der selv var
meget inspireret af den paracelsiske forståelse af sammenhængen

---

[121]Ibid. pp. 219
[122]Ibid.
[123]Ibid.
[124]Ibid.
[125]Egede, *Omstændig og udførlig Relation*, pp. 219
[126]Ibid. pp. 220
[127]Ibid.
[128]Ibid.
[129]Ibid.
[130]Broek og Brach, *Dictionary*, pp. 49

mellem mikro- og makrokosmos[131].

I hermeticismen symboliseres Filosoffernes Sten ofte som en genfødsel, som resultatet af foreningen mellem den mandlige- og kvindelige sæd, symboliseret i kongen og dronningen, her fyrsten og den ufrugtbare skønjomfru. Det alkymistiske kar blev symboliseret som dronningens livmoder, hvorigennem det kongelige barn, ædelmetallet, skulle udvikles. Men det kemiske bryllup kræver samtidigt et offer ved døden og en genfødsel heraf. Parret er nemlig ikke blot mand og kone, men også broder og søster, mor og søn og derfor behæftet med nævnte arvelige urenhed. Denne tilsyneladende incestiøse forbindelse understreger den alkymistiske opfattelse, at alting stammer og udspringer af det éne guddommelige princip[132]. Det er tydeligt at se, at Egede i sin drømmeparabel er stærkt inspireret af, nærmest plagierer, hermeticismen og dennes brug af allegoriske alkymistiske fremstillinger.

Baseret på den hermetiske ide omkring en korrespondance mellem mikrokosmos og makrokosmos, blev planeterne symboliseret med egenskaber og metaller. Månen, "Lunæ", var således symbolet på sølv mens Saturn, "Saturnis", var symbolet på bly[133]. Egede gør som nævnt brug af flere alkymistiske forfattere, som blandt andre Johan Joacim Becker (1635-1682), der var hofalkymist ved både Rudolf II's og Elizabeth I's hof[134] og Michael Sendivogius (1566-1636), som tidligere Isaac Newton tillige havde benyttet i sine alkymistiske studier[135].

En af grundene til, at Egede forklarede det fejlslagne guldmagerforsøg med Guds manglende vilje kan tænkes, at være en helgardering overfor røster i samtiden der kunne finde på, at anklage ham for kætteri. I Frankrig blev pietisten Henrich Khunraths *Amphitheatrum sapientiae* fordømt af universitetet i Sorbonne i 1625, da han blev anklaget for at tilbyde en art kemisk religion i modsætning til den rigtige kristendom[136] og den lutheranske teolog

---

[131]Kragh, *Alkymi og hermetisk kemi*, pp. 40
[132]Broek og Brach, *Dictionary*, pp. 49
[133]Broek og Brach, *Dictionary*, pp. 19
[134]Broek og Brach, *Dictionary*, pp. 44-45
[135]Broek og Brach, *Dictionary*, pp. 865
[136]Broek og Brach, *Dictionary*, pp. 47

Alle Guldmagere ere Bedragere, og du er en Nar, hahaha! - Om holdninger til alkymi i Danmark ca. 1700-1800

E. D. Colberg skrev i 1690/1691 et anklageskrift, *Das Platonisch-Hermetische Christenthum*, i hvilket han revsede alkymisterne, og alle deres, for ham at se, uortodokse tanker[137].

Den interessante bogcensur

I 1700-tallet var der en relativ streng bogcensur og det var ikke sjældent at værker blev enten tilbageholdt på ubestemt tid eller forfatteren pålagt at omskrive kapitler, hvis de stred imod enten kristendomsopfattelsen, den økonomiske eller udenrigspolitiske linje[138]. Advokaten Georg Schade blev i 1760 således dømt til 11 års isolation på Bornholm efter at have udgivet et værk omkring sjælevandring[139], og mange radikalpietistiske skrifter blev tillige censureret og ulovliggjorte[140].

Taget tidens strenge bogcensur i betragtning, og Egedes meget eksplicitte omtale af alkymien og den halverotiske parabel, er det interessant, at Egedes dagbøger gik rent igennem ved Københavns Universitets Konsistorium, der på daværende tidspunkt varetog bogcensuren. Imprimatur, trykketilladelsen, er endog givet af Marcus Wöldike, der udover at være polyhistor og doktor i teologi, var stor modstander af religiøse afvigere[141].

Ved hjemkomsten til Danmark blev Egede leder af seminariet der udklækkede de kommende grønlandsmissionærer, hvor han så at sige skulle være garant for lødigheden af den danske kristne kolonimission, og to år efter udgivelsen af *Omstændig og Udførlig Relation*, i 1740, blev Egede endog forfremmet til biskop over Grønland[142].

Det er desuden interessant, at Poul Egede, Hans Egedes søn, der selv overtog posten som missionær på Grønland efter faderen, nogenlunde samtidigt løb ind i censurproblemer. Den hjemvendte søn ønskede i 1740 at udgive sine skriblerier fra de forgange 20 år, men grundet statens, ifølge Paul Egede selv, "indskrænket tænke-

---

[137]Ibid.
[138]Iilsøe, *Historisk censur i Danmark indtil Holberg*, pp. 54
[139]Glebe-Møller, *Struenses vej til skafottet*, pp. 14
[140]Lausten, *Danmarks Kirkehistorie*, pp. 184-185
[141]Gad (red.), *Relation angaaende Den Grønlandske Mission*, pp. 30
[142]Lausten, *Danmarks Kirkehistorie*, pp. 177-178

måde i religionssager"[143] var dette umuligt. Paul Egedes dagbøger indeholdte ganske enkelt for mange uimodsagte passager hvor de "hedenske Grønlændere" fik frit spil til at kritisere den "kristne religions sandheder"[144].

Holdningen til alkymi ved overgangen til 1750'erne

I perioden ca. 1700-1750 var alkymi indenfor epistemets mulighedsbetingelser for sand viden. Alkymien var hverken religiøst, juridisk eller karrieremæssige kompromitterende, og det til trods for, at ikke så få religiøse afviger i tiden ellers blev forfulgt og straffet. Ingen betragtede tilsyneladende alkymien, trods dens tydelige rødder i hermeticismen, og ofte eksplicitte italesættelse af egyptisk, græsk, romersk religion og kristen mystik, som problematisk. Muligvis blev alkymi slet ikke betragtet som noget vedrørende religion.

Blandt mange lærde og i offentligheden var der dog en mistroiskhed overfor alkymien, sandsynligvis grundet dens uigennemsigtighed i en tid der, som Foucault benævner det, netop var a priori præget af et begyndende ønske om gennemsigtighed og klassificering. At dømme ud fra tidens komedier, ordsprog og smædevers var den offentlige interesse for alkymien dog stadig tilstede, og bedrageriske guldmagere havde gyldne dage. Der er endvidere ingen tvivl om, at der i kongeriget Danmark-Norge fra ca. 1700-1750 var en stor interesse for, og praktisk udfoldelse af, alkymi med rødder i hermeticismen, hvilket tydeligst kan ses i Hans Egedes ærlige beretninger.

Holdningerne til alkymi ca. 1750-1790

Den statslige holdning

Kvindeforføreren Barhow

Den norske teolog Hans Barhow (1704-1754) var en kvindeforfører af Guds nåde, en kritiker af den danske kongemagt, og yderst

---

[143] Egede, *Efterretninger om Grønland*, pp. 14
[144] Ibid.

interesseret i alkymi. Muligvis fik han denne interesse, som den
tidligere Dippel, ved studierejser til Halle eller ved mødet med
rosenkreutzeren Hofrath Schmidt der selv var ivrig alkymist[145].
Schmidt anså tilsyneladende Barhow for en adept, en indviet
i alkymiens hemmeligheder, og ønskede at denne skulle lære
ham "Progressionen" og "Multiplicationen", hvilket vi kan læse
i en årelang brevkorrespondance mellem de to[146], men Barhow
nægtede dog at besidde en sådan viden. Ved Barhows død i 1754
beslaglagde staten dog ret overraskende hele hans efterladte bo.

Et sagkyndigt udvalg blev nedsat til at gennemgå de "ulæselige
og Smaat skrevne" skrifter og undersøge om "deri var noget
anstødeligt for Staaten, eller fornærmeligt for particuliers"[147]. Det
interessante er, at dette udvalg beslaglægger en række af "Extracter
af andres Skrifter"[148], hovedsageligt alkymistiske værker.

Det drejer sig blandt andet om *Pater Eberhardt vom Kloster
Waldenriedt: Vom Elixir oder Stein der Weisen* og Basilius Valentinius
Schola Veritas og *Magnalia Dei, vom Stein der Weisen.*

Det er umuligt at sige, hvorvidt Barhow selv har forsøgt sig
som guldmager, eller blot var optaget af alkymien på teoretisk
plan, men under alle omstændigheder vidner de beslaglagte vær-
ker, og korrespondancen med Schmidt, om en interesse deri. Spe-
cielt munken Basilius Valentinus' værker, et pseudonym for en
yderst produktiv hermetisk forfatter der ifølge traditionen skulle
stamme fra 1400-tallet, indeholdte ofte allegoriske beskrivelser af
metaltransformative operationer sammen med spirituelle vejled-
ninger eller formaninger[149].

Det er umuligt at sige, om staten ønskede og håbede på en
decideret guldopskrift, men eftersom det hverken var ulovligt eller
religiøst kompromitterende at besidde eller endog bedrive alkymi,
som vi netop har set mange eksempler på, kan afskrifterne ikke
betragtes som "anstødelige" for hverken staten eller "particuliers".

---

[145]Clausen, *Cand. Theol. Hans Barhow og hans Københavns Veiviser,* pp. 498
[146]Danske Kancelli, *Studiosus Barhows manuskripter og akter angående deres beslag-
læggelse og undersøgelse*
[147]Danske Kancelli, *Studiosus Barhows manuskripter,* Miscelenna No. 60
[148]Ibid. Specification No. 60
[149]Broek og Brach, *Dictionary,* pp. 48

Derfor kan der være tale om, at der stikker noget andet under denne sag. Det er selvfølgelig ikke umuligt, at kongen blot frygtede for, at Barhow skulle have skrevet en kritik af enevælden i alkymistiske termer eller i skjulte hentydninger mellem linjerne og taget de ufatteligt tætskrevne bøger i betragtning, var det måske også en reel trussel, specielt med Barhows lidt løse tilgang til autoriteterne in mente. Men jeg finder det heller ikke helt usandsynligt, at de nævnte værker faktisk blev beslaglagt, fordi kongen håbede på, at rygterne talte sandt og at Barhow rent faktisk skulle være i besiddelse af en guldopskrift. Er denne hypotese korrekt, hvilket vi dog desværre ikke kan vide noget om, kan der være tale om en af de sidste eksempler på en direkte statslig intervention i en hermetisk alkymistisk affære.

De ændrede mulighedsbetingelser

Dispositiverne og mulighedsbetingelserne for viden ændrede sig drastisk i tiden mellem 1750-1790. Universitetet var blevet genopbygget og nye naturfilosofiske forskere højnede niveauet betragteligt. Naturfilosofien i europæisk kontekst havde med fokus på fornuften udviklet en rationel forståelse af forholdet mellem mennesket og naturen[150], og med wolffianismen i naturteologisk forståelse resulterede dette i undersøgelser af naturen som aldrig før. I sammenspil med konkurrencen i den økonomiske politik investerede både konge, stat og selvstændige institutioner i en naturfilosofisk udvikling der tjente både Gud og landets økonomi[151]. Helt afgørende for denne udvikling var det dog, at nye selvstændige vidensinstitutioner, som blandt andet Videnskabernes Selskab (1742) og Sorøe Ridderlige Academie (1747), blev grundlagt eller reetableret, da disse var koryfæer indenfor udviklingen af naturfilosofien i Danmark[152]. Disse lærdomsinstitutioner samt Universitetet formidlede den nyeste internationale forskning, fx indenfor den "kemiske revolution", der i perioden mellem ca. 1770-1800 spredte sig fra Frankrig til resten af Europa. Flogistonte-

---

[150]Goodrick-Clarke, *Western Esoteric Traditions*, pp. 156
[151]Kragh, *Natur, Nytte og Ånd*, pp. 89
[152]Kragh, *Natur, Nytte og Ånd*, pp. 57-51

orien, at alle forbrændingsprocesser kræver og efterlader et stof
kaldet flogiston, blev fx tilbagevist af den franske kemiker A. L.
Lavoiser der derimod påpegede oxygen som et centralt grund-
stof[153]. Yderligere viden om grundstoffer ændrede i det hele taget
ved opfattelsen af, at der kunne skabes grundstoftransformationer
ved relativ lav varme og med henvisning til en antik indsigt, som
guldmagerne postulerede. Disse nye observationer ændrede på
hele forståelsen af gasser, grundstoffer, syrer og baser, der blev
konstrueret en kemisk nomenklatur og et større ønske om gennem-
sigtighed, efterprøvelighed og klassificering påvirkede forståelsen
af kemi og devaluerede efterhånden alkymien[154]. Denne viden
blev videreformidlet i de mange populærnaturfilosofiske værker,
dispositiverne, der fra 1760erne udkom i enorme oplag og som
ved siden af både offentlige og private forelæsninger i naturfi-
losofien[155], medførte en stigende national interesse for fag som
kemi. Ved Universitetet oprettede man således det første kemiske
universitetslaboratorium i 1778[156], et af de første i Europa, og i
1794 blev den første lærestol oprettet i kemi, efter udenlandsk
forbillede.

De offentlige holdninger

Alkymien redefineres

I tiden efter 1740'erne oplevede naturfilosofien i Danmark en
voldsom popularitet fra både universitært, statsligt og offentligt
hold[157]. Den stigende naturfilosofiske interesse afholdte dog ik-
ke folk fra fortsat at praktisere alkymi. Holberg udgav i 1754
komedien *Republique*. I denne skriver han
    "at endskjønt alle de, som for Eksempel have givet sig ud for
Guldmagere, ere befundne at være Bedragere, saa gives dog stedse
de, som bedrage og lade sig bedrage paany"[158]

---

[153] Bostrup, *Da guldmageriet blev opgivet*, pp. 1
[154] Kragh, *Natur, Nytte og Ånd*, pp. 175-177
[155] Ibid. pp. 201-205
[156] Ibid. pp. 178
[157] Kragh, *Natur, Nytte og Ånd*, pp. 59-61
[158] Holberg, *republique*, pp. 496

De nye mulighedsbetingelser ændrede dog overordnet på hold-ningerne til alkymi. I *Chymisk Dictionnaire* fra 1771 beskrives alky-mien således som en "Omgangssyge" der lagde "store Hindrin-ger for Chymiens Fremgang"[159], mens Nicolai Tychsen i *Chemisk Haandbog* fra 1784, den første danskproduceret af sin slags, skriver hvordan man må "tabe al Credit for Alchemien"[160] da transfor-mationen af uædle til ædle metaller er umulig, hvilket på dette tidspunkt var en relativ ny viden, jævnfør de nye grundstofteorier. Den laboratoriebaserede eksperimentalkemi adskilte sig hermed fra den hermetiske alkymi i det teoretiske udgangspunkt men også i kravet om gennemsigtighed og mulighed for efterprøvning. Som også Holberg kritisk pointerer i epistel 117, ville hele natio-naløkonomien bryde sammen hvis alle alkymister lykkedes med deres guldforsøg.

Den hermetiske alkymi var baseret på en overleveret formodet ufejlbarlig viden[161] og dermed, så at sige, alternative mulig-hedsbetingelser for sand viden, der dog byggede på præmisser der i epistemes videnskabsforståelse blev betragtet som uvidenskabeli-ge.

Det er desuden interessant at se, hvordan personer som Tycho Brahe, Ole Borch og Hans Egede beskrives i samtidens historiefor-tælling. Historiker Ove Malling (1747-1829) skrev i 1783 værket *Store og gode Handlinger af Dansk, Norske og Holstenere*. I denne beskriver Malling minutiøst Egedes store finansieringsproblemer i Bergen[162] men nævner intet om, til trods for at dette må være kendt af Malling, hans anvendte kilder[163] og detaljerigdom taget i betragtning, at Egede selv forsøgte at overkomme dette økonomi-ske problem med guldmageri. Malling skriver videre om Tycho Brahe hvordan han allerede tidligt interesserede sig for "sine kiere Videnskaber" deriblandt "Chymien"[164] men at han blot forlystede sig med sidstnævnte[165].

---

[159] Aphelen, *Chymisk Dictionnaire*, Fortalen
[160] Tychsen, *Chemisk Haandbog*, pp. 134
[161] Hanegraff, *Esotericism and the Academy*, pp. 205
[162] Malling, *Store og Gode Handlinger*, pp. 204-209
[163] Ibid. pp. 218
[164] Ibid. pp. 476
[165] Ibid. pp. 479

Justitsråds Jens Worm (1716-1790) nævner omvendt Borchs
alkymistiske interesse ganske flygtigt i hans gedigene trebinds-
værk fra 1784 om lærde mænd i det danske kongerige. I dette
skriver han om "Olaus Borrichius" at denne "excellerede besøn-
derlig i Chymien"[166], mens han intet nævner om Egede i denne
forbindelse[167].

I begyndelsen af 1700-tallet var det desuden stadig god stil at
have hermetiske lærebøger, som Paracelsus, stående i sit bibliotek
side om side med Aristoteles og teologiske skrifter, hvilket blandt
andet kan ses i litteraturoversigten over det gottorpske biblioteks
indhold[168]. I optegnelsen over hvad der gemte sig på biblioteket i
Drejers Klub i 1797, en borgerlig forening grundlagt i 1775 i Køben-
havn af tidens oplysningstænkere, omhandlede kun ét værk ud af
næsten 1900 alkymi og magi[169]. Omvendt havde man i foreningen
nævnte værker af både Pontoppidan, Worm og Malling. Alkymien
blev så at sige skrevet ud af historien, dens lærebøger figurerede
ikke længere i de bugnende reoler blandt bedsteborgerne, og de
historiske koryfæers aktive alkymistiske interesser blev beskrevet
som en uskyldig bibeskæftigelse i forbindelse med naturfilosofiens
nye afgræsninger, teorier og retningslinjer.

Den kompromitterende alkymi

Grundet periodens nye mulighedsbetingelser for viden blev alky-
mien nu pludseligt karrieremæssigt kompromitterende. Da profes-
sor Christian Kratzenstein derfor som bekendt i 1783-84 offentligt
både nationalt og senere internationalt anerkendte apoteker Jo-
acim Cappels påstand om, at have lavet guld, og desuden have
været vidne til, at førnævnte Hofraths Schmidt gjorde det samme
tilbage i 1740'erne, blev både Kratzenstein og Cappel kastet for
løverne. Begge var medlem af Videnskabernes Selskab, og begge
var store honoratiores indenfor kemiens udvikling i Danmark.
Begge var dog tillige medlem af Rosenkreutzerne og etatsråd Chri-
stian Malling, der havde overværet og anerkendt det første forsøg,

---

[166]Worm, *Forsøg til et Lexicon*, pp. 45
[167]Ibid. pp. 272
[168]Lohmeir, *Gottorperbiblioteket*, pp. 70
[169]Drejers Klub, *Bogsamling i Klubben*, pp. 22

var frimurer. Alkymiforsøget blev publiceret i internationale tidsskrifter, men meget hurtigt tilbagevist hvorved de implicerede pludseligt mistede hele deres akademiske troværdighed[170].

Konklusion

Denne humanarkæologiske undersøgelse af holdningerne til alkymi i Danmark i perioden fra ca. 1700-1800 påviser, at alkymi hverken var religiøst eller juridisk kompromitterende i oplysningstidens Danmark, til trods for, at ikke så få religiøse afvigere i samtiden blev retsforfulgt eller fik indskrænket deres rettigheder.

Holdningen blandt de lærde og offentligheden var dog generelt blandet i perioden fra ca. 1700-1750. I tiden herskede en udpræget naturfilosofisk interesse, og en del af denne udmøntede sig i den metaltransformative hermetiske alkymi. Hovedparten af kilderne til perioden giver dog udtryk for, at alkymi og guldmageri var en mistroisk naturfilosofi eller endog direkte bedrageri. Alkymien var dog stadig indenfor epistemets mulighedsbetingelser for sand viden, og interessen for området var relativ stor blandt lærde og offentligheden, og også kongehuset videreførte en lang tradition med hofalkymister.

I perioden fra ca. 1750-1790 ændredes mulighedsbetingelserne dog imidlertid. Den wolffianske rationalistiske systemtænkning i naturteologisk version tjente både statslige samt universitære interesser til såvel Guds som nationens ære. På baggrund af oplysningstidens fornufts- og nytteløsen gennemførte blandt andre franske kemikere skelsættende opdagelser indenfor grundstofteorier og forbrændingsprocesser, og klassificering, efterprøvning og gennemsigtighed indenfor naturfilosofien blev derefter grundessensen i god forskning. Dispositiverne muliggjorde samtidig en ændring i vidensbetingelserne. Naturfilosofien fik en opblomstring på universitetet med nye internationalt orienterede undervisere og fra 1760'erne skete der en voldsom stigning i publikationen af populærnaturfilosofiske værker. Den nye borgerlige offentlighed medførte blandt andet, at offentlige samt private forelæsninger i naturfilosofiske discipliner var eftertragtede som aldrig før og

---

[170]Bostrup, *Da guldmageriet blev opgivet*, pp. 2

Alle Guldmagere ere Bedragere, og du er en Nar, hahaha! - Om holdninger til alkymi i Danmark ca. 1700-1800

mange nye selvstændige konfessionsløse videnscentre blev grundlagt. Staten engagerede ikke længere hofalkymister efter 1760'erne, og meget tyder på, at de få der praktiserede alkymi her i landet tilhørte religiøse bevægelser der var stærkt inspireret af hermeticismen, som fx Rosenkreuzerne.

Under den "kemiske revolution" fra ca. 1770-1800, blev alkymien endegyldigt adskilt fra kemien, og hvor sidstnævnte blev betragtet som en sand videnskab blev alkymien forsøgt udskrevet af den danske naturfilosofiske historie eller forklaret som en ligegyldig parentes i denne. Fra da af blev der sat lighedstegn mellem alkymi og guldmageri og såvel majoriteten af de lærdes, offentlighedens samt statens holdninger var, at "alle guldmagere ere bedragere", idet de praktiserede en, efter tidens nye standarder for viden, falsk og derfor karrieremæssigt kompromitterende disciplin.

Da vidensfelter er dynamiske konstruktioner i konstant forandring, har mange bevægelser der repræsenterer en forståelseshorisont situeret i spændingsfeltet mellem religion og videnskab, igennem tiden udfordret de herskende mulighedsbetingelser for sand viden. Et eksempel på dette er alkymien og det er min forhåbning, at studiet af alkymi i 1700-tallets Danmark kan være med til at åbne op for en overordnet diskussion af enhver periodes videnskabsforståelse og definitioner af, samt mulighedsbetingelser og grænser for, hvad der forstås som sand viden.

Bibliografi

Primære kilder (trykte):

Aphelen, H. von. Chymisk Dictionnaire. Indeholdende Denne Videnskabs Theorie og Praxin, dens Anvendelse paa Physikken, Naturhistorien, Lægekunsten og den dyriske Forfatning med omstændig Forklaring over de chymiske Lægemiddelers Kraft og Virknings Maade, samt de fornemeste Grundregler til de Kunster, Fabriker og Haandverker, som hænge af Chymien med tilføjede Anmerkninger, af det franske oversat, 1. tome. Kiøbenhavn, 1771.

Det Danske Sprog- og Litteraturselskab: Ordbog over det danske sprog – Historisk Ordbog 1700-1950, URL=http://ordnet.dk/ods/ordbog?query=Kemist(setd.24/12018).

Det Danske Sprog- og Litteraturselskab: Moths Ordbog, http://mothsordbog.dk/ordbog?select=Alkymist,b&query=alkymist (set 24/1 2018)

Det Danske Sprog- og Litteraturselskab: Moths Ordbog, http://mothsordbog.dk/ordbog?entryid=64079580&query=Chymicus&hi=Chymicus (set 24/1 2018).

Drejers Klub. Bogsamling i Klubben, oprettet i november 1775. Ved slutningen af Aaret 1792. Kiöbenhavn, 1792. Trykt hos Friederic Wilhelm Thiele.

Egede, Hans. "Omstændig og udførlig Relation Angaaende Den Grønlandske Missions-Begyndelse og Fortsættelse samt hvad der ellers mere der ved Landets Recognoscering, dets Beskaffenhed, og Indbyggernes Væsen og Leve-Maade vedkommende, er befunden" i Relation angaaende Den Grønlandske Mission samt Det Gamle Grønlands Nye Perlustration eller Naturel-Historie, (red. Finn Gad). Rosenkilde og Bagger, 1971.

Egede, Paul. "Efterretninger om Grønland, uddragne af en journal holden fra 1721 til 1788 af Paul Egede" i Det Grønlandske Selskabs Skrifter XXIX (red. Mads Lidegaard). Det Grønlandske Selskab, 1988.

Extraordinaire Relation, No.85, Kiøbenhavn, dend. 22 October 1723.

Extraordinaire Relation, No. 90, Kiøbenhavn, dend 8 November 1723

Extraordinaire Relation, No.91, Kiøbenhavn, dend. 12 November 1723

Extraordinaire Relation, No. 93, Kiøbenhavn, dend. 19 November
1723

Extraordinaire Relation, No. 105, Kiøbenhavn, dend 31 December
1723

Extraordinaire Relationer for November=Maaned, 1723

Extraordinaire Relationer for Junii=Maaned, 1725

Holberg, Ludvig. "Det Arabiske Pulver – Comoedie udi Een Act"
i Holberg Comoedierne og De Populære Skrifter, Festudgaven
1922, bind I (red. Francis Bull, Georg Christensen, Carl Roos, S.P.
Thomas og A. H. Winsnes). H. Aschehoug Co., 1923.

Holberg, Ludvig. "Actus III: Republiquen eller Det Gemene Bed-
ste" i Holberg Comoedierne og De Populære Skrifter, Festudgaven
1922, bind III (red. Francis Bull, Georg Christensen, Carl Roos, S.P.
Thomas og A. H. Winsnes). H. Aschehoug Co, 1924.

Justitsministeriet. Kong Christian den Femtis Danske Lov. Ved
Justitsministeriets Foranstaltning udgivet paa Grundlag af den af
Dr. Jur. V. A. Secher med Kildehenvisninger forsynede Udgave af
1911. G. E. C. Forlag, København 1929.

Malling, Ove. Store og gode Handlinger af Dansk, Norske og
Holstenere, Kiøbenhavn. Gyldendals Forlag, 1783.

Molbech, Christian. Uddrag af Jens Bircherods historisk-biographiske
Dagbøger for Aarene 1658-1708. Kbh, 1846.

Nye Tidender om lærde og curieuse Sager – Samlede udi Aa-
ret 1724. H. Kongl. Majestis, priviligerede Bogtrykkerie, 1724.

Pontoppidan, Erik. Menoza, En Asiatisk Prinds, som drog Verden
omkring og søgte Christne, særdeles i Indien, Spanien, Italien,

Frankrig, England, Holland, Tyskland og Danmark, men fandt lidet af det han søgte. (red. Vilhelm Birkeland). København, Fr. Woldikes Forlagsboghandel, 1860.

Pontoppidan, Erik. Den Danske Atlas eller Konge-Riget Danne-mark, bind III. Kiøbenhavn 1767.

Ries, Jørgen. Den Danske Spectator eller Sande- og Granskings-mand, 1744-1745.

Siv, Peder Pedersen. Almindelige Danske Ordsproges Andel Del. Med Rets og Retter*Gangs Regler og Sproge. København, 1688.

Tychsen, Nicholai. Chemisk Haandbog, Kiøbenhavn. Trykker Jo-han Rudolph Thiele, 1784. Worm, Jens. Forsøg til et Lexicon over danske, norske og islandske lærde mænd, Kjøbenhavn. Gyldendal, 1784.

Primære kilder (utrykte) "Akter i sagen mod kancelliråd J. C. Dippel i Altona" fra Tyske Kancelli, Slesvig-holsten-lauenburgske Kancelli. Løbenr. B141-B142.

Københavns Universitets Konsistorium. Justitsprotokol 1691 juli 14 – 1715 december 21 mm. Løbenr. (1217-05).

"Studiosus Barhows manuskripter og akter angående deres beslag-læggelse og undersøgelse" fra Danske Kancelli, Kommissionen an-gående den Esmarckske arkivaflevering, 1754-1767. Løbenr. D150.

Sekundær litteratur:

Appel, Charlotte. Læsning og bogmarked i 1600-tallets Danmark. Museum Tusculanums Forlag, 2001.

Bostrup, Ole. "Da Guldmageriet blev opgivet" i Ingeniøren, 18/10 1996: https://ing.dk/artikel/da-guldmageriet-blev-opgivet-15548 (set d. 24/1 2018).

Brecht, Martin. "Der württembergische Pietismus" i Geschich-
te des Pietismus – Bind 2: Der Pietismus im 18. Jahrhundert (red.
Martin Brecht Klaus Deppermann). Vandenhoeck Ruprecht in
Göttingen, 1995.

Clausen, Julius. "Cand. Theol. Hans Barhow og hans Københavns
Veiviser fra 1748" i særtryk af Historiske Meddelelser, s. 485-545.
Københavns Kommune, 1920.

Aarhus Universitet. Ludvig Holberg: Jeppe på Bjerget (1722).

Tragikomisk tabernar eller selvironisk tabumester? Danmarkhi-
storie.dk, http://danmarkshistorien.dk/leksikon-og-kilder/vis/
materiale /ludvig-holberg-jeppe-paa-bjerget-1722- tragikomisk-
tabernar-eller-selvironisk-tabumester/ (set d. 24/1 2018).

Eliade, Mircea. Yoga – Immortality and Freedom. Princeton Uni-
versity Press, 1954.

Fink-Jensen, Morten. Fornuften under troens lydighed. Museum
Tusculanums Forlag, 2004.

Fjelstrup, August. Guldmagere i Danmark i Det XVII. Aarhundre-
de – Efter Skrevne og Trykte Kilder. Forlaget af V. Pios Boghandel,
1906.

Foucault, Michel. Ordene og tingene – En arkæologi om hum-
anvidenskaberne. Det lille Forlag, 2006.

Glebe-Møller, Jens. Struensees vej til skafottet – Fornuft og åben-
baring i Oplysningstiden. Museum Tusculanums Forlag, 2007.

Goodrick-Clarke, Nicholas. The Western Esoteric Traditions. Ox-
ford University Press, 2008.

Hanegraff, Wouter J., og Antonie Faivre og Roelof van den Broek og Jean-Pierre Brach. Dictionary of Gnosis Western Esotericism (red. Wouther J. Hanegraff). Brill Academic Publishers, 2015.

Hanegraff, Wouter J. Esotericism and the Academy - Rejected Knowledge in Western Culture. Cambridge University Press, 2012.

Heede, Dag. Det tomme menneske: Introduktion til Michel Foucault. Museum Tusculanums Forlag, 2004.

Iilsøe, Harald. "Historisk censur i Danmark indtil Holberg – omkring censuren af Christen Aarslebs Frederik II.s historie" i Fund og Forskning, bind 20, s. 45-67. Det Kongelige Bibliotek, 1973.

Ingerslev, V. Danmarks Læger og Lægevæsen, fra de ældste Tider indtil Aar 1800 – en Fremstilling efter trykte Kilder. Kjøbenhavn, E. Jespersen, 1873.

Johansen, Jens Chr. V. Da djævelen var ude - Trolddom i det 17. århundredes Danmark. Odense Universitetsforlag, 1991.

Koch, Carl Henrik. Dansk Oplysningsfilosofi. Den Danske Filosofis Historie, 1700-1800. Gyldendal, 2003.

Kofod, Helmer. "Guldmageren på Hammershus" i Bornholmske Samlinger, 2. række, 1. bind. Colbergs Eftf. Bogtrykker, 1964.

Kragh, Helge. Natur, Nytte og Ånd – 1730-1850. Dansk Naturvidenskabs Historie, bind 2. Aarhus Universitetsforlag, 2005.

Kragh, Helge. "Alkymi og hermetisk kemi fra Severinus til Borch" i Renæssancens Verden – Tænkning, kulturliv, dagligliv og efterliv, s. 22-44. Aarhus Universitetsforlag, 2006.

Krogh, Tyge. Oplysningstiden og det magiske – Henrettelser og korporlige straffe i 1700-tallets første halvdel. Samleren, 2000.

Langen, Ulrik og Peter Henningsen. Hundemordet i Vimmelskaftet – og andre fortællinger fra 1700-tallets København. Jyllands-Postens Forlag, 2010.

Lausten, Martin Schwarz. Danmarks Kirkehistorie. Gyldendal, 2004.

Lohmeir, Diether. "Gottorperbiblioteket: Et dansk krigsbytte fra Den Store Nordiske Krig" i Fund og Forskning, bind 37, s. 64-102. Det Kongelige Bibliotek, 1998.

Matzen, Henning. Kjøbenhavns Universitets Retshistorie 1479-1879. Kjbh. Schultz, 1879.

Møller, Svend. Om Alkymi – En forkortet Gengivelse af nogle Foredrag. O. C. Olsen Co., 1903.

Niebuhr, Carsten. Mit Carsten Niebuhr im Orient. Zwanzig Briefe von der Arabische Reise 1760-1767 (red. Dieter Lohmeir). Boyens Buchverlag, 2011.

Petersen, Anne-Mette. "Mission i Grønland – samarbejde og modsætninger" i Tidsskriftet Grønland, nr. 1, s. 257-268. Det Grønlandske Selskab, 1991.

Rudbøg, Tim. "The Academic Study of Western Esotericism – Early Development and Related Field" i Introduction Series to Western Esotericism. H.E.R.M.E.S. Academic Press, 2013.

Shackelford, Jole. A Philosophical Path for Paracelsian Medicine – The ideas, intellectual context, and influence of Petrus Severinus (1540/2-1602). Museum Tusculanums Forlag, 2004.

Stensgaard, Pernille. København – Folk og kvarterer. Gyldendal, 2002.

Stuckrad, Kocku von. Scientification of Religion: A Historical Study of Discursive Change 1800-2000. Walter de Gruyter, 2014.

Stuckrad, Kocku von. Location of Knowledge in Medieval and Early Modern Europe: Esoteric Discourse and Western Identities. Brill Academic Publishers, 2010.

Teilmann, Peter Christensen og Gunnar Sivertsen. Ind i Holbergs fjerde århundrede. Museum Tusculanums Forlag, 2004.

Thorndike, Lynn. A History of Magic and Experimental Science, During the First Thirteen Centuries of our Era. Volume I. Columbia University Press, 1923.

Thorndike, Lynn. A History of Magic and Experimental Science – Vol. V VI; Sixteenth Century. Columbia University Press, 1941.

Thyssen, Ole. "Michel Foucault – Magtens Blik" i Det Filosofiske Blik – Europæiske Mestertænkere, s. XXX. Informations Forlag, 2012.

Werlauff, Erich Christian. Historiske Antagelser til Ludvig Holbergs atten første Lystpil. Samfundet til den danske Litteraturs fremme, 1843.